Leck hat nichts mit Götz zu tun

Der Bäcker vom Marktplatz
und andere Originale

Geschichten und Anekdoten aus Nordfriesland

von

Harke Harksen

Verlag Hans-Jürgen Böckel, Glinde

Impressum

ISBN-Nr. 3-923793-09-X

1. Auflage, 1989

Titelbild: Bert Britz, Rengsdorf

Satz und Herstellung: Verlag Hans-Jürgen Böckel, Beim Zeugamt 4, 2056 Glinde, Telefon (040) 711 10 06

Druck und buchbinderische Verarbeitung: Clausen & Bosse, Leck.

Inhaltsverzeichnis

1. Die Musterung

Scherz, Satire, Ironie sind Elixiere für eine harmonische menschliche Gesellschaft - sie können das Salz in einer zu faden Suppe von Langeweile und Stupidität sein - und darum gesellte Christian Dietrich Grabbe diesen Titelworten seines köstlichen Lustspiels die „tiefere Bedeutung“ hinzu. Das soll doch wohl heißen, daß diese Wundermittel zur Lockerung jener Verkrampfung beitragen können, die wir uns selbst zufügen, sei es aus intellektueller Arroganz, sei es aus einem Gefühle minderer Wertigkeit oder sei es auch nur aus stupider Bequemlichkeit. Wir begegnen den drei Krampflösern im Schabernack, der wiederum in verschiedenen Formen und Färbungen erscheinen kann.

Ohne die Muse des Schabernacks - Zeus möge mir verzeihen, daß ich ihm diese Tochter anhänge - wäre es auf unserer guten alten Erde oft eintönig, manchmal gar zu langweilig oder vielleicht ganz und gar trostlos. Eines sollte sorgsam bedacht werden: Man darf bei Veranstaltung eines Schabernacks nie einen Zeitgenossen zum Objekt der Inszenierung machen, der keinen Witz hat und keinen Humor versteht, er muß schon fähig sein, nach dem Fall in das Netz der allgemeinen Heiterkeit mit über sich selbst und seinen „Reinfall“ zu lachen. Schabernack und persönliche Verunglimpfung sind einander feind.

Diese aus einer heiteren Gesinnung geborene - und Zeus zur Adoption aufgedrängte - Muse hatte eine Heimstatt im nördlichen Teil des nördlichsten Bundeslandes Schleswig-Holstein. Im westlichen Teil dieser potenzierten Nördlichkeit, der sich an der Nordseeküste hinzieht, breitet sich der Kreis Nordfriesland aus. Das ist sein neuer Name. Zu der Zeit, da die Geschichten unserer Schabernackereien spielten, hieß das Gebiet Kreis Süd-Tondern (hier wiederum der nördliche Teil des heutigen Nordfriesland), und davor existierte der Kreis Tondern. Dieser wurde nach der Abstimmung von 1920 halbiert, der nördliche Teil gehört seitdem zum Königreich Dänemark, übrig blieb auf deutscher Seite: Süd-Tondern.

Damit haben wir uns jetzt auf der Landkarte der Bundesrepublik Deutschland so weit nach oben gearbeitet, daß wir den Schauplatz erreicht haben, an dem sich unsere Schabernackereien abgespielt haben.

In den Jahrzehnten nach der 1920er Abstimmung ist nicht nur viel Wasser die heimatlichen Flüßchen Lecker Au und Soholmer Au hinunter in die Nordsee geflossen, das europäische Leben und das Weltgeschehen wurden nicht nur gestört, sondern weitgehend zerstört durch Verwüstungen, Haß und Elend des Zweiten Weltkrieges. Dieses Zeitgeschehen ließ die Landschaft nicht unberührt, am augenfälligsten aber war als Folge des verlorenen Krieges der starke Zuzug der aus ihrer Heimat vertriebenen Menschen des deutschen Ostens. Die Ostpreußen und Schlesier, die hier eine neue Heimat finden sollten, hatten vorher kaum gewußt, daß es dieses (damals noch) Süd-Tondern, das heutige Nordfriesland, gab. Man hatte vielleicht gerade mal von den Inseln Sylt, Föhr und Amrum gehört. Den Namen der Kreisstadt kannte man bestenfalls als Verladeplatz der Eisenbahn für die Autos nach Sylt, vom nächstgrößeren Ort auf dem Festland, von Leck, aber war gewiß nichts bekannt gewesen.

Leck hat sich der Autor als Ausgangspunkt für die Reise durch diese heiteren Gefilde menschlichen Beisammenseins aus dem einfachen Grunde gewählt, weil er hier geboren ist und als Kind und Jugendlicher persönlich Beobachter vieler lustiger Begebenheiten war, die er hier aufzeichnet. Er meint sogar, daß Leck ein wahrhaftes „Nest des Schabernacks“ gewesen ist. Aber es sollen auch Geschichten aus der weiteren Umgebung erzählt werden. Den weitab wohnenden Lesern muß eine kleine Hilfe gegeben werden, um diesen Ort auf der Landkarte zu finden.

So liegt das Dorf, von dem aus wir zur Reise durch das Meer fröhlicher Heiterkeitswellen schippern wollen, an der ehemaligen Bahnstrecke Flensburg-Niebüll, südlich entlang der deutsch-dänischen Grenze. Die Eisenbahn braucht man eigentlich nicht zu erwähnen, die fährt schon längst nicht mehr auf dieser Strecke. Dafür stehen dem Interessierten Busse der DB auf der gleichen Strecke zur Verfügung. Diese Busse halten zwar nicht immer an den ehemaligen Bahnhöfen, sondern an günstiger gelegenen Plätzen in den durchfahrenen Dörfern. Sollte man auf die Busverbindung verzichten können, weil man ein eigenes Auto besitzt, so bieten sich verschiedene Zufahrten an, von Bundesstraßen bis hin zum sandigen Feldweg.

Oder aber man entschließt sich, zu Fuß nach Leck zu gehen, um schon beim Näherkommen das grüne weitflächige Umfeld zu erleben. In diesem Fall sollte man nicht versäumen, einige Jahrzehnte zurückzuwandern, um in die gemütliche Zeit zu kommen, als der alte Lecker Marktplatz (heute Parkplatz) mit seiner schon damals uralten Eiche oft schon Mittelpunkt schabernack'scher Schelmenstreiche war. Hier erinnert nur noch die wunderschöne in alter Gestalt erhaltene Apotheke an den früheren Glanz dieser Dorfmitte.

Man kann aber auch, um nach Leck zu gelangen, einen ganz und gar anderen Weg beschreiten, nämlich den des Schabernacks selbst. Dieser Weg führt weit nach Süden, in die Universitätsstadt München, Hauptstadt des Freistaates Bayern. Ich weilte als beflissener Student gerade zu der Zeit in der bayerischen Metropole, als die allgemeine Wehrpflicht eingeführt wurde, in der Mitte der dreißiger Jahre also.

Die Geschichte muß ich in aller Ausführlichkeit erzählen, weil sie einen Hinweis gibt auf Art und Ablauf aller folgenden: So oder ähnlich wird ein Schabernack inszeniert.

Ich ward in jenem historischen Jahr in München zur Musterung bestellt, wie es allen jungen Männern erging und ergeht, die sich auf ihre Tauglichkeit zum Waffendienst für das Vaterland prüfen lassen müssen. So saß ich denn also als Abkömmling schabernack'scher Vorfahren (dazu muß ich mich bekennen) einem waschechten bajuwarischen Beamten gegenüber, bei dem ich alsbald das Gemüt eines Feldwebels jener Tage entdeckte, Rangabzeichen waren mir bis dato unbekannt. Die Prozedur vollzog sich, obgleich sie in der bayerischen Hauptstadt vor sich ging, in durchaus preußisch-zuchtvoller Korrektheit.

Es wurden alle notwendigen und weniger wichtigen Daten erfragt und sorgfältig notiert. Man kam zur Frage der Geburt, die mit einem deutlichen „Jawoll" beantwortet wurde. Nach dieser läppischen, wenn auch nicht gerade originellen Antwort, legten sich die Gesichtsfalten des Bajuwaren in eine strengere Ordnung und er fragte - jetzt ganz und gar Respektsperson - energisch, jedes einzelne Wort betonend: „Wann Sie geboan san, moan ii!" Meine Erwiderung gab eine klare Feststellung meines Geburtsdatums, das in deutlichen Ziffern zu Papier gebracht wurde. Dann kam die nächste Frage von meinem militärischen Gegenüber, diesmal streng und kurz: „Un wo san'S geboan?" Es verstrichen viele Sekunden, ehe ich mich zu einer Antwort bequemte, so daß der Feldwebel schon etwas nervös wurde und die geballten Fäuste gegeneinander schlug, wohl in der Hoffnung, mich dadurch zur Eile anzutreiben. Er schien im Zeifel, ob er mich bitten oder energisch zur Eile antreiben sollte, aber er wartete. Und ich ließ mich nicht aus der Ruhe bringen, sondern sammelte meine Gedanken und Kräfte für den Auftritt, den ich meinem Geburtsort und meinen Vorfahren schuldig zu sein glaubte. Ich legte meine Hände flach auf den Tisch, der zwischen mir und dem Vernehmenden stand, schaute jenem mit vorgebeugtem Kopf scharf an und tat so, als sei ich bereit, eine echte bayerische Keilerei zu beginnen (er wurde unruhiger), holte meine Stimme aus dem tiefsten Baß, zu dem ich fähig war, und sagte mit einem Unterton, als würde ich den Götz von Berlichingen zitieren, ich sagte es mit einem gepreßten Nachdruck: „Leck!"

Der Feldwebel reagierte bayerisch-dramatisch. Mit einem Satz sprang er von seinem Stuhl, lüftete jenen Körperteil, der im Götz gemeint ist, und schrie mit schriller Stimme und zornesrotem Kopf: „Woas haben'S gsagt?" Die anderen Interview-Gruppen im Raum hatten das Gespräch unterbrochen und alle blickten zum Feldwebel hinüber. Der setzte sich und stieß nur noch hervor: „Himmelkruzitürken..."

Danach mußte er eine Weile verschnaufen, holte tief Luft. Er versuchte mit leiser, lauernder Stimme festzustellen, was er für protokollwürdig hielt: „Leck ham'S gsagt - ... des ham'S mia ins Gsicht gsagt - ..." Mit zitternden Händen blätterte er in den Papieren, sein Kopf war gesenkt, aber mit listigem Blick linste er zu mir herüber, als sei er der Vorsitzende in einem Mordprozeß und drängte mich zu einer Aussage: „No, was sagn'S zu dem? ... nu reden'S scho ... nu?" Ich tat verwundert und antwortete betont höflich und in pikiert hochdeutscher Sprache: „Ich habe Leck gesagt, mein Herr."

„Dees moan i jo..." sagte er eine Nuance milder, denn er schien sich seiner Sache nicht mehr ganz sicher zu sein. Er stützte seinen Ellenbogen auf den Tisch, bearbeitete mit den Fäusten seine Wangen und stierte mich böse an. Er fiel erschöpft auf seinen Sitz zurück und fragte, ohne seinen Blick von mir zu wenden, noch mit drohender Stimme: „Woas haben'S gsagt ... I moan, woas haben'S nachher damit gmoant, moan i..." Ich befleißigte mich einer freundlichen sachlichen Tonart: „Ich wollte damit zum Ausdruck gebracht haben, mein Herr, daß ich aus dem Dorfe Leck stamme, woselbst ich geboren worden bin."

Der Militärische fragte, noch skeptisch, aber milder gestimmt und offensichtlich zu einem gütlichen Vergleich bereit, jedoch von der Erregung noch kurzatmig: „Jo, gibt's denn dees aa?" Meine bescheidene, schlichte Antwort bestätigte ihm: „Ja, mein Herr, das gibt es."

Er blickte verlegen auf die vor ihm liegenden Formulare, wenn er im Augenblick auch nicht zu schreiben wagte, denn in diesem Punkt, das waren wohl seine Gedanken, mußte erstmal absolute Klarheit geschaffen werden. Er fragte zögernd, immer noch unsicher, nickte aber dabei zustimmend mit dem Kopf, so als wolle er sich eine Blamage ersparen: „Also dann ... in Leck san'S geboan?" Ich bestätigte ihm, daß er damit recht hatte, was ihn sichtlich erleichterte.

Dann mag sein innerer Imperativ ihn aufgestachelt haben, ihm wurde wieder bewußt, daß er zur äußersten Korrektheit verpflichtet war und stellte noch diese letzte Frage: „Wo iis denn ... i moan, wo gibts denn dees Leck, wia Sie sagn ... woa liegt dees nachher?" Ich erklärte höflich: „Leck liegt im Kreis Süd-Tondern." Das genügte ihm anscheinend noch nicht, wie ich seinem Gesichtsausdruck, einer Gebärde der Hilflosigkeit, entnahm. Darum entschloß ich mich zu einem hilfreichen Beistand: „Leck liegt im Norden der Provinz Schleswig-Holstein."

Sein ungläubiger Blick sagte mir, daß ich ihm mit diesem Hinweis auch noch nichts Entscheidendes geboten hatte. In letzter Verzweiflung – nicht in meiner, in seiner – lieferte ich ihm noch diese Orientierung, die ich ihm fast kumpelhaft vortrug: „Schauen Sie, Leck liegt etwa auf der Linie Stockholm - Paris, wenn Ihnen diese Orte bekannt sind ... das heißt, wo sich diese Linie in etwa mit der gedachten Luftlinie London - Kopenhagen kreuzt. Etwas ungenau ist das schon, aber jetzt können Sie ungefähr erkennen, wo Leck zu finden ist. Ich kann Ihnen aber auch noch Längen- und Breitengrad nennen, wenn Sie das wünschen, mein Herr. Und dann wäre mein Geburtsort ganz exakt fixiert, und es könnte keinen Zweifel mehr geben."

Er winkte gequält ab und murmelte unverständliche Worte. Die weitere Vernehmung verlief glatt und ohne neuerliche Hindernisse.

Man trennte sich nicht gleich. Die Militärischen ordneten ihr umfangreiches Papierwerk und die Erfaßten (so nannte man uns jetzt) harrten des Aufrufs zur Unterschriftsleistung, die als feierliche Handlung zu gelten hatte. Wir wurden einzeln an den Tisch gebeten und unterschrieben, womit wir die Richtigkeit der Angaben bestätigten. Man sprach nicht mehr laut, was wir vernahmen, war nur ein leises, was sich wie ein „Dankeschön" anhörte. Beide Vertragsparteien waren froh, die Prozedur hinter sich gebracht zu haben.

Über diesen Umweg sind wir nun endlich an unserem Zielort angekommen. Hier in Leck erwarten uns alte Originale und Typen der Schabernack-Szene.

2. Begegnung am Abend

Es ist ein lauer Sommerabend, als wir am Marktplatz stehen und uns ganz der Beschaulichkeit der Stunde hingeben. Die große Eiche spendet mit ihrer üppigen Laubkrone Ruhe und Behaglichkeit. Die Apotheke mit dem Reetdach rundet das Bild eines friedvollen Feierabends.

Eine Haustür öffnet sich, eine Glocke schellt, ein Zeichen dafür, daß die Haustür der Eingang zu einem Laden ist. Es ist der Schlachterladen von Christian Duburg, und er selbst ist es, der zu dieser Abendstunde aus der Haustür tritt, um einen bescheidenen Blick in die Welt zu tun. Er hatte den ganzen Tag im Schlachthaus gearbeitet und weiß von nichts, was sich am Tage zugetragen hat. Ob er jetzt Neuigkeiten erfahren wird? Er hält die kurze Pfeife mit den Zähnen auf seiner lockeren Unterlippe, während er gemächlich nach allen Seiten Ausschau hält. Ja, da drüben, auf der gegenüberliegenden Seite des Marktplatzes, steht Bäcker Bernhard Harksen in seiner Haustür, um ebenfalls einen Blick in die Welt zu tun, bevor er schlafen geht. Er muß zu früher nächtlicher Stunde wieder am Backofen sein, und wer nachts um drei oder vier mit der Arbeit beginnt, muß zeitig schlafen gehen.

Die Blicke des Bäckers und des Schlachters treffen sich, und ohne ein Zeichen der Verständigung setzen sich die beiden in Bewegung, um sich auf der Mitte des Marktplatzes zu treffen. Der Schlachter nimmt kurz seine Pfeife aus dem Mund, was soviel wie „ 'n Abend“ bedeuten soll. Der Bäcker blickt ihn fragend an und damit ist ihre Unterhaltung schon fast erschöpft. Viel haben sie sich nicht zu sagen. Sie sind beide müde von der Tagesarbeit und haben für eine rhetorische Anstrengung keine Lust. Es dauert eine ganze Weile, bis sich ein paar karge Sätze aus den Mündern quälen. Sie haben beide nichts Sonderliches erlebt und auch nichts erfahren, was sich am Tage im Dorf zugetragen hat.

Schweigend stehen sie beieinander. Und weil nun wirklich überhaupt nichts zu berichten ist, stört der Bäcker die Stille des Abends und erinnert schmunzelnd, während der Schabernack sich neckisch in den Augenwinkeln versteckt hält, an die Geschichte von der großen Blaskapelle, die zum Feuerwehrball in Stedesand aufgespielt hatte. Jetzt nimmt der Schlachter wieder seine Pfeife kurz aus dem Mund und deutet ein leichtes Lächeln an.

Damit endet die abendliche Begegnung der beiden auf dem Lecker Marktplatz. Denn weil nun wirklich kein Gespräch zu erwarten ist, verabschieden sich die beiden mit einem stillen Gute-Nacht-Gruß, der mit einer leichten Kopfbewegung bekundet wird, und wenden sich gemächlichen Schrittes ihren Haustüren zu, verschwinden dahinter und bereiten sich für den Schlaf vor. Aber das „Gespräch“ schwingt in ihren Gedanken nach, vor allem die Andeutung des Bäckers. Während sie sich ins Bett begeben, sinnieren sie mit einem Hauch Ironie über die alte Geschichte von der Blaskapelle auf dem Stedesander Feuerwehrfest.

Damals in Stedesand war es anfangs sehr lustig gewesen auf dem Jahresfest der Feuerwehr, man feierte ein Jubiläum mit einer runden Zahl. Im Laufe des Abends wurde es dann aber turbulent.

Der Festausschuß hatte einige besondere Attraktionen geplant, dazu gehörte auch die Musik. Hatten sonst zwei oder drei Musiker zum Tanz aufgespielt, so sollte diesmal eine ganze Blaskapelle in den Saal schmettern. Der bekannteste Kapellmeister weit und breit, der gelegentlich mit Laienmusikern bei größeren öffentlichen Veranstaltungen aufspielte, auch mal zu Hochzeiten und Beerdigungen prominenter Bürger gerufen wurde, bekam den Auftrag, mindestens mit fünfzehn Musikern das Fest zu verschönen.

Das war leicht gesagt, und er nahm den Auftrag auch an, aber woher fünfzehn Musiker nehmen. Die normale Stärke seiner Kapelle betrug acht Mann, alle pflegten mit Fleiß das Musizieren neben ihrem eigentlichen Beruf.

Der Kapellmeister, ein Pfiffikus in vielerlei Hinsicht, hatte schnell einen Einfall und den Plan, wie er die Situation meistern konnte. Er war nicht nur im Musizieren, sondern auch im Organisieren ein Meister. Musikinstrumente konnte man sich in einem Flensburger Musikgeschäft ausleihen, das war keine Hürde. Auch die Männer, die diese Instrumente während des Konzents halten mußten, waren zu beschaffen. Die brauchten doch nur das Mundstück des Instrumentes gegen die Lippen zu pressen und mit den Fingern an den Tasten zu spielen, ganz einfach!

Christian Duburg hatte in seinem ganzen Leben noch nie ein Instrument in den Händen gehalten – obgleich er musikalisch war und im Lecker Männergesangverein mitsang – er wurde als einer der Mannen verpflichtet, die ein Blasinstrument überzeugend möglichst spielgerecht an die Lippen zu drücken hatten, sobald die echten Musiker zu spielen anfingen. Es geschah also!

Im Verlauf des Abends wurde bei dieser Stedesander Festveranstaltung eine gewisse Unruhe im Saal spürbar, die deutlicher erkennbar und brisanter wurde, je mehr Alkohol die Unternehmungslust und den Schneid zu einer Aktion anheizte. Sie waren nämlich mißtrauisch geworden durch den Zweifel ihres Kameraden Hans Chrisiansen, der von seinem Schwager aus Leck, der hier mitmimte, genau wußte, daß er völlig unmusikalisch war. Das hatte sich oft bei Familienfesten gezeigt, wenn Volkslieder oder auch mal Schlagerlieder angestimmt wurden, dann hatte er immer nur schweigend dagesessen.

Einige Feuerwehrmänner gingen dicht an die Instrumente heran, um den Tönen zu lauschen, die dort herauskommen sollten. Die Phantom-Musiker gaben sich aber so leicht nicht geschlagen. Sie zogen die Schallmuschel in die Höhe, als sei gerade in dem Augenblick ein sehr hoher Ton zu spielen, als die Lauscher zu ihnen in die Nähe kamen.

Aber der Schwindel flog doch auf. Es gab ein großes Hallo und Gepolter im Festsaal, wie es zwar bei solchen Anlässen in vorgeschrittener Stunde und nach hohem Alkoholkonsum durchaus üblich war, aber dann doch nicht aus einem so peinlichen, ja geradezu erniedrigenden Anlaß wie an diesem Abend.

Die Musikanten, die keine waren, ließen ihre Instrumente fallen und flüchteten, versuchten, sich vor der angestauten Wut der Betrogenen zu retten. Sie rannten ins Freie und wollten sich über die offene Feldmark retten. Das war jedoch nicht ganz einfach, mußten doch Wassergräben und Stacheldrahtzäune überwunden werden. Wer erwischt wurde, bekam die ganz und gar unmusikalischen Paukenschläge grober Fäuste zu spüren.

Christian Duburg entkam der Tortur durch einen ganz simplen Trick. Er war kurzentschlossen für die Dauer des ersten Aufruhrs in die Damentoilette geflüchtet. Die Jagd der erbosten Feuerwehrmänner zog mit lautem Gejohle daran vorbei. Wer vermutet schon in der Damentoilette einen männlichen Flüchtling. Hier sei schon mal darauf hingewiesen, daß eine Damentoilette bei einem wohlinszenierten Schabernack später nochmal eine erlösende Rolle für einen Mann spielen wird.

Nachdem die erste Flut der Erregung verrauscht war, schlich Christian Duburg aus seinem Versteck heraus und lief über einen schmalen Feldweg, den er auch im Dunkeln fand, nach Leck zurück. Erschöpft wollte er sich in seinem Garten auf der Schubkarre erstmal etwas ausruhen. Zu spät bemerkte er, daß diese mit Kuhmist beladen war, der am nächsten Tag auf die Beete im Garten gestreut werden sollte. Er lächelte jedoch über dieses kleine Mißgeschick in Anbetracht der Rettung aus einer größeren Gefahr.

An diese Begebenheit, die nun schon viele Jahre zurücklag, dachten der Bäcker und der Schlachter, nachdem sie sich auf der Mitte des Marktplatzes getrennt hatten, und gemessenen – man ist geneigt zu sagen: nachdenklichen Schrittes auf ihre beiderseitigen Haustüren zubewegten.

3. Verlockende Rüben

Am nächsten Morgen hatte der Bäcker schon einige Stunden gearbeitet, als er die ersten Brötchen - knusprig und braun - aus dem Backofen zog, die dann schmackhaft und appetitlich im Laden verkauft wurden, oder - in Tüten verpackt - den Stammkunden ins Haus gebracht wurden.

Dieses morgendliche Angebot ließ es die Frau des Finanzamtsvorstehers, Jenny Wenzel, für standesgemäß und aus gesundheitlichen Gründen für geraten erscheinen, ihrem Mann, der nicht gerade den besten Appetit hatte, drei der köstlichen Rundstücke mit guter Butter zu bestreichen und sie ihm zum Frühstück hinzulegen. So geschah es in vielen Haushaltungen.

In dieser frühen Stunde waren noch viele Menschen halb oder auch ganz im Schlaf. Sie hörten nicht, daß die Tüten mit den Rundstücken vor ihre Haustüren gelegt wurden. Die sahen sie erst später, wenn sie - noch im Schlafgewand - fröstelnd die Wohnungstür einen Spalt öffneten und mit spitzen Fingern die Tüte hereinzogen. So kamen die ersten Köstlichkeiten vom Bäcker in die Wohnungen der Menschen, die - noch unrasiert und griesgrämig - die Tüte betrachteten, deren Inhalt ihnen wenig später den ersten Genuß des Tages bot.

Man war zu dieser Stunde noch nicht hellwach. Der Alltag mit seinen Pflichten lag drohend vor einem, er war einem in diesem Zustand des allmählichen Wachwerdens noch zuwider. Um diese Zeit sind die meisten Menschen schlecht gelaunt, wer kann das ändern? Der Mensch will in seinem Denkkreis nicht gestört werden. So waren auch sie, die Kunden des Bäckers. Ihre Mienen hellten sich jedoch etwas auf, wenn sie in die backofenwarmen Rundstücke bissen.

Ganz anders - aber aktiv und unternehmungsfroh - als seine Kunden fühlte sich der Bäcker in dieser Stunde. Er hatte fast Halbzeit bis zum Mittagessen, hatte er doch schon vor vielen Stunden mit der Tagesarbeit begonnen, auf die sich seine Kunden erst einstellen mußten.

Es waren jene Stunden vor Anbruch des wachen Tages, in denen der Bäcker meist gute Einfälle für einen Schabernack hatte. Eine schöpferische Stunde für ihn also, in der er schon einige Prisen satirischen Ernstes und spitzbübischen Humors in sich wirken fühlte.

Nicht nur Freunde, auch wohl Nichteingeweihte, wurden von seinem Schabernack übertölpelt. Jedoch alle Menschen, die ihn noch nicht kannten, hätten beim genauen Hinschauen erkennen können, daß hinter dem unschuldsvollen Gesichtsausdruck eine gehörige Portion Mutterwitz gespeichert war.

Die Bäckerei bestand nicht nur aus der Backstube und dem dazugehörigen Backofen, sie wurde ergänzt durch die Konditorstube, in der das feinere Gebäck zubereitet wurde. Dieses war bestimmt für die Kunden im Laden und für die Gäste im Café, das sich in den vorderen Räumen des Hauses befand.

Weiter gehörten zum Gesamtbetrieb zwei Pferde, mit deren Hilfe der Bäckerkutscher Levsen die Backwaren zu den Menschen in den umliegenden Dörfern brachte, weiter zwei Kühe und dann noch drei Schweine, die u.a. mit den Abfällen aus der Bäckerei und den überalterten Backwaren aus dem Laden gemästet wurden. Es war gewiß eine Ausnahme in der Welt der Schweine, daß diese drei des öfteren mit Marzipan und Schlagsahne gefüttert wurden, wenn diese Leckereien für den Verkauf nicht mehr geeignet waren. Alljährlich gab es zur Zeit, wenn die erste Kälte ins Land kam, ein Schlachtfest, an dem die Ärmsten des Dorfes immer ihren Anteil hatten.

Diese etwas ausführliche Schilderung der Bäckerei mit ihrem Zubehör wie auch die Hinweise auf einige Begebenheiten aus dem weiteren Umfeld sind notwendig für das Verstehen späterer Geschichten, die hier folgen werden.

Die Kühe konnten jedoch mit den Überresten der Bäckerei nicht gefüttert werden, sie sind Vegetarier. Für diese Gehörnten gab es im Sommer die Weide auf Bramholm, am Wege nach Büllsbüll gelegen, im Winter wurden ihnen Rüben vorgelegt. In diesen Tagen waren gerade die Rüben für den Winter angeliefert worden. Der Bäcker betrachtete den großen Rübenberg auf dem Hofplatz durch das Fenster der Konditorstube, als eine Kundin daherkam, eine gute Bekannte des Hauses, nämlich Jenny Wenzel, die Frau des Finanzamtvorstehers (von der schon die Rede war), die ihren Mann bereits mit den Frühstücksrundstücken versorgt und zum Dienst geschickt hatte.

Als sie an den Rübenberg kam, blieb sie stehen, schaute listig und unauffällig - wie sie glaubte - nach allen Seiten, und weil sie sich unbeobachtet dünkte, griff sie sich eine Rübe, die sogleich in ihrer Einkaufstasche verschwand. Sie schaute wie gelangweilt um sich herum, zögerte noch, aber weil es so gut geklappt hatte, faßte sie erstens Mut und zweitens eine weitere Rübe, die sie leicht in ihrer weiten Ledertasche unterbringen konnte. Noch sicherte sie nach allen Seiten, ob auch wirklich niemand sie ertappt hätte.

Frau Wenzel überlegte, was wohl zwei Rüben kosten könnten und lächelte über sich selbst, daß sie bei der Geringfügigkeit des Objekts überhaupt einen Gedanken daran verschwendet hatte, Unrechtes getan zu haben, zumal es weit und breit keinen Zeugen gab. Aber darin hatte sie sich geirrt.

Der Bäcker hatte sie sehr wohl beobachtet. Er hatte gesehen, wie Frau Wenzel sich zwei Rüben genommen und in ihrem Beutel versteckt hatte. Jedoch nicht das Unrechtmäßige an diesem Geschehen interessierte ihn, auch nicht die Minderung seines Vermögens durch diesen „Diebstahl“ (denn so mußte man das ja wohl doch nennen), nein, es war etwas anderes, das ihn veranlaßte, seine Arbeit liegen zu lassen, obgleich er gerade dabei war, eine Sahnetorte mit Sorgfalt und Kunstsinn zu gestalten.

Sein breites Gesicht wurde heller, je länger er überlegte und langsam in seinen Gedanken einem Plan näher kam. Zuerst war es ein kaum erkennbares Grinsen gewesen, dann aber schlich sich die ihm eigene Pfiffigkeit in die Augen und umspielte seine Mundwinkel. Jeder aufmerksame Beobachter hätte erkannt, daß der Bäcker einen Plan gefaßt hatte, zumal sich ein leiser Pfeifton zwischen den Lippen herausstahl.

Für die Ausführung seines Planes mußte er erst einige Tage verstreichen lassen. Er rechnete so, Frau Wenzel würde die Rüben erst am nächsten Tag für das Mittagessen verwerten. Darum ließ er sich Zeit. Die sparsame, vielleicht auch ängstliche Frau Wenzel bereitete aber, kaum daß sie zu Hause war, schon für denselben Tag das Rübenmahl. Ihr war es lieber, wenn das „Diebesgut" möglichst schnell aus ihrem Gesichtskreis verschwand.

Drei Tage danach, als man annehmen konnte, daß der Mittagsschlaf überall beendet war, versah der Bäcker seinen Lehrjungen mit einem ungewöhnlichen Auftrag: „Du gehst jetzt zu Frau Wenzel und bringst ihr die bestellten Kuchen. Wenn du ihr die Kuchen übergibst, hältst du diese weiße Serviette vor den Mund und murmelst leise, daß du nur schnell die Kuchen abgeben solltest. Frau Wenzel wird fragen, warum du das Tuch vor den Mund hältst. Darauf antwortest du, daß wir alle krank sind. Sie wird weiter fragen (oh ja, der Bäcker kannte sich in der Psychologie seiner Kundschaft aus), welche Krankheit das ist. Dann erklärst du ihr, daß wir alle die Maul- und Klauenseuche haben. Sie wird neugierig sein und noch mehr wissen wollen, etwa woher wir die Krankheit haben, wo wir uns angesteckt haben. Dann sagst du etwas lauter, daß wir von den frisch angelieferten Rüben gegessen haben und daß wir davon die Maul- und Klauenseuche bekommen hätten. Dann verschwindest du so schnell wie du kannst."

Der Lehrling begriff sofort, daß sein Meister wieder einen seiner üblichen Streiche inszenierte und machte begeistert mit. Als er zurückkam, berichtete er, daß alles programmgemäß verlaufen sei. Mit dem verständnisinnigen Lächeln eines Kumpans erklärte er weiter, daß Frau Wenzel ihm mit erschrokkener Stimme noch etwas nachgerufen habe, aber er sei schnell weggelaufen und habe so getan, als ob er nichts hörte.

Der Meister lobte den Lehrling, weihte ihn jedoch nicht in den ganzen Plan ein, der mußte vorläufig noch geheim bleiben. Er pfiff, befriedigt vom Beginn seiner Unternehmung, leise vor sich hin, während er die beiden Daumen, wie es seine Art war, hinter das Trageband schob, das sich um seinen Nacken legte und mit dem die weiße Schürze gehalten wurde.

Am Abend kam wie rein zufällig das Ehepaar Wenzel ins Haus des Bäckers zu einem der üblichen Abendbesuche, wie sie von Zeit zu Zeit gepflegt wurden. Der Bäcker hatte (natürlich!) schon auf diesen Besuch gewartet und hatte auch eine weiße Serviette zur Hand. Es ergab sich zunächst nur ein belangloses Gespräch mit den üblichen nichtsagenden Fragen, wie es einem gehe, was am Tage geschehen sei und ob man irgendetwas Neues wisse.

Der Bäcker verhielt sich ganz anders als sonst und das deutlich und erkennbar. Er blieb einsilbig, was sonst nicht seine Art war. Frau Wenzel wurde unruhig, das sah man ihr an, ihre Sätze waren abgehackt, die Worte aufgeregt.

Max Wenzel, ihr Mann, zeigte die Gelassenheit dessen, der das Spiel bereits durchschaut hatte, den Spaß, den er noch nicht ganz kannte, aber nicht verderben wollte. Sollte seine Frau doch getrost wieder einmal ein Opfer sein, wenn sie partout nicht lernen wollte, daß man beim Bäcker gut überlegen mußte, was ernst gemeint war, oder wo ein Schabernack im Hintersinn seiner Worte lauerte.

Wie beiläufig erkundigte sich Frau Wenzel, was es zu bedeuten habe, daß man ständig ein Tuch vor den Mund halte. „Och, nichts weiter zu bedeuten. Ich bin nur krank“, murmelte der Bäcker kaum verständlich. Ob es eine ernste Krankheit sei, wollte sie wissen. Oh ja, der Arzt habe gemeint, wenn sie nicht behandelt würde, könne sie tödlich ausgehen.

Frau Wenzel wurde nervöser, flüsternd bedrängte sie ihren Mann, für sie ein Geständnis abzulegen, ihm hatte sie in ihrer Not den Diebstahl gebeichtet. Er schüttelte den Kopf, schmunzelte still vergnügt vor sich hin und schwieg.

Umständlich erklärte der Bäcker dann den Verlauf der Krankheit. Frau Wenzel atmete schwer und ließ sich kein Wort entgehen, besonders als die Rede auf die Rüben kam. Es komme darauf an, wie und wo man die Rüben erlangt habe, sagte der Bäcker in einem Ton, der eine Dosis Hintergründigkeit und ein Körnchen schwermütiger Gelassenheit enthielt.

Frau Wenzel zitterte vor Erregung. Der Ton des Erzählers aber wurde ruhiger und ruhiger, bis er fast gelangweilt, mit dem Hinweis schloß, daß der Arzt die Krankheit darum für so vertrackt halte, weil kein Mensch an so etwas denke, wenn er Rüben esse. Es gebe nur eine Ausnahme, habe der Arzt gesagt, eine besondere Rübenart, die ungefährlich sei. Ja, welche Ausnahme, um Gottes Willen, das denn sei, wollte Frau Wenzel wissen. Sie schrie die Frage voller Angst. Sie war dem Weinen nahe, nein, es flossen schon die Tränen über ihre Wangen.

Der Bäcker schloß seinen Bericht in ruhigem, ja beruhigendem Ton mit dem Hinweis: „Das hat der Doktor noch gesagt, völlig harmlos für den menschlichen Genuß und ohne Gefahr für die Gesundheit sind und bleiben geklaute Rüben.“

Frau Wenzel schwankte zwischen Heulen und Lachen, aber sie war erleichtert und nahm ihren Reinfall fast dankbar hin. Ihr Mann lachte herzhaft und der Bäcker ließ nach diesem gelungenen Auftritt den Vorhang von seinem Gesicht fallen.

Man trennte sich erst, nachdem man ausgiebig Kaffee und Kuchen genossen hatte, die als Gegengift für die bösartige „Klauseuche“ – wie der Bäcker sich nicht verkneifen konnte, die Krankheit zu nenen – sehr wirksam sein soll.

4. Das verschwundene Fahrrad

Die Motten fliegen in das Licht, weil es sie lockt und sie die Gefahr nicht kennen. So verhielten sich auch einige junge Leute, die den Witz des Bäckers liebten. Sie fühlten sich angezogen, sie wurden angelockt von dem Spaß, der jedoch allzu oft zu einer Erleuchtung für ihre Selbsterkenntnis aufflammte.

Für einige von ihnen waren es nicht die goldenen, sondern die schlimmen zwanziger Jahre. Sie hatten das Lehrerseminar - zuerst in Tondern, dann in Niebüll - mit Erfolg absolviert und fanden dann keine Anstellung als Junglehrer. Sie hatten Arbeit bei verschiedenen Behörden gefunden, die sie aber nicht befriedigte. Sie waren mehr oder weniger unausgefüllt in ihrem Schaffensdrang und darum recht unzufrieden mit ihrem Alltagsdasein. Umso mehr wurden sie vom Kerzenschein des oft recht geistreichen Witzes angelockt, an dem sie sich ergötzten, manchmal aber auch leicht verbrannten. Manche waren so mutig (hier paßt das Wort vorwitzig), sich für schlauer und gerissener zu halten als den Meister des Schabernacks und sie fielen nicht selten selbst in die Grube, die sie für ihn hatten schaufeln wollen.

Einer dieser jungen Leute - er wurde Peter Schott genannt - hatte es schon zu einem Fahrrad gebracht, auf das war er sehr stolz, war es für die damalige Situation doch schon ein Standardsymbol. Damals gab es nur ganz wenige Automobile, das Gehen war die übliche Fortbewegungsart. Das Fahrrad trug den unvergeßlichen Fabriknamen „Hansi".

Peter Schott gehörte zu der Runde, die sich in der Mittagspause auf der Bank vor dem Hause des Bäckers traf, der sogenannten „Lästerbank", weil niemand ungeschoren vorbeikam, nicht, daß ihm etwas nachgerufen wurde, beileibe nicht, aber jede Person, die an der Lästerbank vorbeidefilierte, wurde als Gesprächsthema gründlich durchgehechelt.

Hier saßen sie in der Mittagspause beisammen, die Junglehrer ohne Anstellung, junge Beamte, Sparkassenangestellte, Mitarbeiter der Kreiszeitung „Lecker Anzeiger", auch junge Mädchen gesellten sich dazu, die in Büros oder Verkaufsläden arbeiteten oder auch den elterlichen Haushalt führten, sie alle suchten hier Abwechslung von dem sonst recht eintönigen Alltag.

Ein sonniger Sommertag stimmte alle milde. Er reizte zum gedankenverlorenen Dahindämmern. Es wurde wenig gesprochen. Man schloß die Augen und ließ sich von der Sonne bescheinen.

Kein Wunder, daß man darüber die Zeit vergaß. Plötzlich war sie überschritten, jeder mußte eilends an die Stätte seiner Arbeit. Es kam eine leichte Hektik auf. Auch Peter Schott rannte durch das Haus, er hatte sein Fahrrad auf dem Hinterhof abgestellt. Aber, oh Schreck, sein Rad stand nicht mehr auf dem Platz, auf den er es gestellt hatte. Es war verschwunden. Große Aufregung! Bäcker Harksen wurde aus dem Haus gerufen. Er war schnell zur Stelle, denn dieses war wieder einmal sein Auftritt, er hatte bereits auf den Hilferuf gewartet.

Was zu tun war, entschied der Meister des Backens und des Schabernacks: „Peter Schott, Sie müssen sofort die Polizei verständigen.“

Peter wehrte höflich und verlegen ab: „Ich will doch nicht, daß die Polizei auf ihr Grundstück kommt, was würde das für ein Gerede geben.“ Aber der Bäcker lehnte jede Rücksichtnahme solcher Art strikt ab, denn schließlich hatte er doch seinen ganz bestimmten Plan für den weiteren Verlauf seiner so eingeleiteten Aktion.

Zunächst wurde das ganze Grundstück abgesucht, aber nirgends fand sich das Fahrrad an. Der listige Bäcker forderte Peter Schott auf, sämtliche Räume in seinem Haus zu durchsuchen, denn er denke nicht daran, den Makel eines Diebstahls auf seinem Haus sitzen zu lassen. So wurde der arme Peter in die Enge getrieben, er lehnte bescheiden das peinlichen Ansinnen ab.

„Dann rufe ich die Kriminalpolizei“, entschied der Bäcker kategorisch, einen Widerspruch duldete er nicht. Er griff zum Telefonhörer, die Sprechmuschel war am Apparat, der an der Wand hing, und bat um eine Verbindung mit der Kriminalpolizei, er nannte die Rufnummer. Damals mußten alle Verbindungen durch das Fernsprechamt vermittelt werden, selbst die Ortsgespräche.

Bald meldete sich der Teilnehmer der erbetenen Nummer. Das war aber nicht die Kriminalpolizei, sondern der vom Bäcker für diesen Einsatz instruierte Apotheker Paul Haß. Er machte den Spaß gerne mit, spielte die Rolle des Kriminalbeamten am Telefon und ließ sich nach der Schilderung des Falles mit Peter Schott verbinden. Er stellte gleich die Frage: „Glauben Sie, daß der Hausherr Ihr Fahrrad gestohlen haben könnte?“ Peter wehrte energisch ab, von einem solchen Verdacht könne nicht im geringsten die Rede sein. Der Apotheker ließ nicht locker, er bohrte und bohrte weiter, schließlich drohte er, eine Untersuchungskommission zur Aufklärung des Diebstahls zu entsenden, und zwar sofort, ohne jeden Zeitverlust, hier sei Eile dringend geboten.

Peter Schott wurde unruhiger und nervöser. Er war verzweifelt und hätte nunmehr am liebsten auf die Suche nach seinem Fahrrad verzichtet. Jedoch davon wollte der Gesprächspartner am Telefon absolut nichts wissen, wo solle man hinkommen, wenn ein Diebstahl nicht restlos aufgeklärt werde, er gab nicht nach: „Eine letzte Frage müssen Sie mir noch beantworten“, sagte der Apotheker in scharfem Ton, „sonst zwingen Sie mich, einen Untersuchungsstab in das Diebeshaus zu schicken!“ Peter Schott perlte der Schweiß auf der Stirn, er sagte mit schwacher, fast versagender Stimme: „Welche Frage ist das denn?“ „Haben Sie schon in der Damentoilette des Cafés nachgesehen? Ein Mann, der ein Fahrrad stiehlt, scheut auch nicht davor zurück, dieses ungewöhnliche Versteck zu wählen, bis der Bestohlene fortgegangen ist, und der dann in Ruhe sein Diebesgut in Sicherheit bringen kann. Ich denke dabei durchaus an den Hausbesitzer selbst, wenn er sich auch noch so gebärdet, als sei er an einer Aufklärung des Falles interessiert.“

Peter wollte protestieren, aber der scharfe Ton des vermeintlichen Kriminalisten ließ ihn zusammenzucken, er fügte sich in das Unabänderliche. Bäcker Harksen wollte nun von Peter genau wissen, was die Kripo gesagt hatte.

Dieser rückte nur bruchstückweise damit heraus, er begann mit einem schamhaften Lächeln: „Ich soll ... ach, das ist doch alles Unsinn und Quatsch.“ Jetzt drängte der Bäcker ungeduldig und Schott mußte berichten, er sagte mit einem krampfhaften Lächeln und unglücklicher Stimme: „Ich soll in der Damentoilette nachsehen, sonst kommt eine Untersuchungskommission her.“

Des Bäckers Augen funkelten – man konnte glauben, sie funkelten vor Wut – seine energische Aufforderung galt Peter Schott: „Dann suchen Sie in der Damentoilette nach Ihrem Fahrrad, denn ich will keine Untersuchungskommission der Kriminalpolizei auf meinem Grundstück haben.“ Das leuchtete auch Peter Schott ein.

Kaum war dieser in die Damentoilette gegangen, als ein fröhlicher Ruf, ganz ungewöhnlich für diesen Ort, nach außen drang: „Mein Hansi, mein Hansi, hier ist mein Hansi, ja, ich hab' meinen Hansi wieder.“ Er war glücklich über diese Entdeckung und schob sein Fahrrad heraus.

Draußen wurde er von einem Schwarm lachender Menschen empfangen, denn die Kunde vom fingierten Telefonanruf war nicht unbekannt geblieben und so hatten sich einige liebe Freunde eingefunden, die den Spaß miterleben wollten.

Da wußte Peter Schott Bescheid, er lachte auch selbst, weil sein Hansi wieder da war und auch weil er sich jetzt – befreit von Ärger und jedem Druck – über sich selbst amüsieren konnte. Indes sann er aber auf Rache, und das hätte er lieber bleiben lassen sollen.

Peter Schott schwang sich auf sein Rad und fuhr frohgemut ins Amt zur Arbeit. Schon während der Fahrt dachte er über einen Plan nach, wie er den Bäcker am besten hereinlegen könnte. Er wollte es noch heute tun, damit „der bösen Tat gleich die Rache“ folgte, wie er launig und jetzt heiter gestimmt die geplante Aktion selbst bezeichnete.

Plötzlich hatte er es, ja, das war ein guter Einfall, wie er selber meinte: Da war doch das Hinweisschild am Straßenrand, das der Bäcker hatte anbringen lassen, um Vorübergehende auf sein gemütliches Café aufmerksam zu machen. Das könnte er, Peter Schott, zum Anlaß nehmen, um den Bäcker in Unruhe zu versetzen. Man hatte doch gerade in jüngster Zeit auf der Lästerbank darüber gesprochen, daß dieses Schild eine für den Straßenverkehr wichtige Hinweistafel verdecke. Auf diese Weise könne er dem Bäcker heimzahlen, was er von ihm hatte kassieren müssen – meinte Peter Schott.

Er kam sich ganz groß vor, weil ihm diese geniale Idee gekommen war. Von behördlicher Seite mußte die Aufforderung kommen, das Schild wegen seiner Gefährdung des Straßenverkehrs abzunehmen und es an anderem Ort anzubringen, wo es keinen Schaden mehr anrichten könne.

Der Plan sah gut aus. Er war es auch. Er hatte nur einen Schönheitsfehler: Man muß wissen, oder zumindest befürchten, daß man sich einen solchen Jux mit einem passionierten Spaßmacher nicht ungestraft erlauben kann. Es sei denn, nun ja, das ist eine Möglichkeit: Man muß alle Gefahren von vornherein erkennen und mit Sorgfalt ausschalten. Ja, dann kann ein solcher Jux gelin21 gen. Man muß das Risiko einkalkulieren und entsprechend geschickt vorgehen.

Peter Schott fühlte sich so sicher mit seinem Vorhaben, daß er alle Zweifel lässig fortwischte. Die anrufende Behörde sollte natürlich genauso fingiert sein, wie vorher die Kriminalpolizei vorgetäuscht worden war. Peter Schott saß heute allein in seinem Arbeitszimmer, ein Kollege, der sonst den Raum mit ihm teilte, war ortsabwesend. Das war günstig für die Ausführung seines - wie er glaubte - raffinierten Plans. Er mußte sich wieder Schweißperlen von der Stirn wischen, die der gleichen Aufgeregtheit entsprungen waren, wie während des Telefongesprächs mit der vermeintlichen Kriminalpolizei.

Er saß still auf seinem Platz, überlegte in Ruhe nochmal, was er zu tun hatte, um seinen Coup voll landen zu können. Dann griff er entschlossen zum Telefonhörer. Als sich des Bäckers Stimme meldete, zögerte er einen Augenblick - hier gilt das Wort: aus Angst vor seiner eigenen Courage - dann sagte er mit verstellter Stimme: „Hier ist das Landratsamt in Niebüll ... Sie haben ein Werbeschild für Ihr Café so aufgehängt, daß es den Straßenverkehr gefährdet..." Weiter konnte er nicht, die Puste ging ihm aus, so aufgeregt war er. „So?" fragte der Bäcker besorgt, aber auch erfreut, denn er hatte schon jetzt den Sprecher mit der verstellten Stimme identifiziert, und er überlegte sich bereits, was er aus der Geschichte machen könnte. Spontan fiel ihm noch nichts ein. Ihm wurde von der Stimme aufgetragen, das Schild noch an diesem Nachmittag zu entfernen und sich selbst für einen amtlichen Besuch bereitzuhalten, der gegen Abend eintreffe.

Mehrere Gegenfragen brachten das „Landratsamt" offensichtlich in Verwirrung, aber der Bäcker zeigte sich als friedliebender und gehorsamer Staatsbürger. Er erklärte sich zwar selbstverständlich mit der Maßnahme einverstanden, aber er möchte doch Einzelheiten noch genau besprechen und bäte darum, den Ausführungstermin auf den nächsten Tag zu verlegen. In Wirklichkeit zögerte er das Gespräch nur hinaus, einerseits, um Peter Schott so recht ins Schwitzen zu bringen, andererseits, um Zeit zu haben, sich einen Plan auszudenken. Und plötzlich hatte er seine Idee! Er hatte es plötzlich auch sehr eilig, keine Zeit mehr für weitere Gegenfragen.

Der Bäcker rief - laute, hastige Aufgeregtheit in seiner Stimme - in das Telefon: „Ich will gerade mit einem Bekannten im Auto nach Niebüll fahren, weil ich beim Herrn Landrat persönlich einen Termin habe, ich muß wegen meiner Konzession mit dem Herrn Landrat persönlich sprechen. Bei der Gelegenheit kann ich diese Angelegenheit gleich mit dem Herrn Landrat besprechen. Sie verstehen, daß ich es sehr eilig habe, der Autofahrer wartet schon vor meinem Haus. Auf Wiederhören!" sagte er und hängte den Hörer in die Gabel an der Seite des Telefonapparates, ohne seinem Gesprächspartner auch nur die geringste Möglichkeit für eine Antwort zu lassen.

Bald darauf läutete das Telefon wieder, der Anruf wurde bereits erwartet. Man verlangte den Bäcker an den Apparat. Der hatte aber bereits seine Instruktionen gegeben. So mußte dem Anrufer beschieden werden, daß dieser leider nicht anwesend sei, er sei außer Hauses, genauer gesagt, er sei auf dem Weg nach Niebüll. Da klang es aufgeregt und gequält aus dem Telefonhörer:

„Hier ist Peter Schott. Ich muß ihn aber dringend sprechen, wo kann ich ihn denn erreichen?“ „Jaaa...“, wurde ihm in gelangweiltem Ton geantwortet, der Bäcker sei zum Landrat gefahren und vor abends nicht zurück.

„Das ist alles viel zu spät“, tönte es höchst aufgeregt aus dem Hörer, „wo kann ich ihn um Gottes Willen schon bald sprechen, möglichst sofort?“

Man lachte zurück: „Im Auto gibt es kein Telefon, aber man könnte es ja mal im Vorzimmer des Landrats probieren, vielleicht kann man ihn dort noch erwischen, wenn er dort eintrifft.“

„Mensch, Ihr müßt mir helfen!“ stöhnte Peter Schott noch ins Telefon.

Nun geschah folgendes: „Hansi“ war kurz danach mitsamt seinem Besitzer wieder im Haus des Bäckers. Peter Schott erläuterte kurz seine ganze mißlungene Aktion, die er geplant hatte, er betonte, daß es doch wirklich nur ein Scherz sein sollte. Jetzt müsse unter allen Umständen versucht werden, den Bäcker zu sprechen, bevor er zum Landrat geht. Sonst würde es eine Katastrophe geben, um Himmels Willen, das soll man sich doch endlich mal vorstellen, was das bedeuten kann, er könne seine Anstellung im Amt verlieren. Ob man ihm nicht helfen könne, man wisse doch, daß er sonst ein ordentlicher und friedliebender Mensch sei und so weiter und so weiter. In beschwörendem Ton fügte er hinzu, man solle die Sache nicht auf die leichte Schulter nehmen. Jetzt sei die ganze Sache wirklich kein Spaß mehr.

Peter Schott drehte sich wie vom Blitz getroffen um, denn hinter ihm sagte eine ihm wohlbekannte Stimme, nämlich die des Bäckers: „Doch, Peter Schott, lassen wir es beim Spaß.“

Wieder traten Schweißperlen auf die Stirn des gequälten Peter Schott. Er wischte sie sich ab und sagte erleichtert: „Junge, Junge, Junge... So etwas mache ich mit Ihnen bestimmt nie wieder, da können Sie ganz sicher sein“, er hielt erleichtert dem Bäcker die Hand zur Versöhnung entgegen.

Zur endgültigen Aussöhnung wurde Peter Schott zu Kaffee und Kuchen eingeladen, weil er sich ohnehin vorsorglich für den ganzen Nachmittag bei seiner Behörde abgemeldet hatte.

5. Der erste Rundfunkapparat

Der Bäcker vom Lecker Marktplatz war aufgeschlossen für alles Fortschrittliche. Schon im Ersten Weltkrieg hatte er einen Führerschein für Autos und sogar für Lastwagen. Als Soldat mußte er Munition an die Front fahren. In Leck war er natürlich einer der allerersten Führerscheininhaber. Wir werden später noch erfahren, daß er den Führerschein auf eine recht seltsame, für ihn aber ganz und gar typische Art und Weise erlangt hatte.

Als es mit dem Rundfunk anfing, so um die Mitte der zwanziger Jahre, war er auch einer der ersten weit und breit, die sich ein Rundfunkempfangsgerät anschafften, wie man einen Radioapparat damals respektvoll nannte. Nur der Gutsbesitzer Jessen Lütjenhorn besaß auch ein solch neumodisches Gerät.

Die Antenne mußte in jenen Anfangszeiten des Radios noch hoch über die Dächer gezogen werden, sie reichte in diesem Fall vom hohen Backofenschornstein bis hinunter zum Schornstein für die Wohnungsheizung. Was so in luftiger Höhe angebracht wurde, war eine Sache für Fachleute, die zugleich halbe Akrobaten sein mußten. Auf diese Weise wurde es erst möglich, die Wellen des damaligen Hamburger Senders NORA aufzufangen.

Aber bevor man das erste zaghafte Gepiepse in der Ohrmuschel des Kopfhörers vernehmen konnte, mußte noch eine andere technische Voraussetzung geschaffen werden, das war die sogenannte Erdung. Heute braucht man beides für sein Radio nicht mehr, damals aber doch sehr.

Nun, war die Antenne eine Sache für Akrobaten gewesen, eine Erdung konnte man selbst bewerkstelligen, indem man ein tiefes Loch in das Erdreich grub, gleich auf dem Hofplatz hinter dem Haus. Dort wurde ein Draht eingepflanzt, den man mit dem Empfangsgerät verband, jedoch an anderer Stelle als die Zuleitung von der Antenne, als das Gegenstück dazu gewissermaßen.

Hatte sich schon die Nachricht von dieser Rundfunkanlage beim Bäcker als Sensation im Dorf herumgesprochen, so sann er bereits darüber nach, wie er aus diesem Ereignis Kapital für einen neuen Schabernack schlagen könnte. Seine Überlegungen konzentrierten sich auf das tiefe Loch, das für die „Ausgrabung“ zur Erdung entstanden war und noch offen dalag, jungfräulich bereit für einen Schabernack könnte man sagen, noch unschuldig und ungenutzt, aufnahmebereit für seine Zweckbestimmung. Es mußte etwas geschehen! Und es geschah etwas. Es war gerade Mittagszeit und man hatte Pause gemacht.

Das war genau die Zeit für den Bäcker. Nachdem er einige geheimnisvolle Vorkehrungen getroffen hatte, die dem Leser an dieser Stelle noch nicht verraten werden sollen, ging er vor die Haustür, an die Hauptstraße, um abzuwarten, wer ihm ins Garn gehen würde. Er brauchte nicht lange zu warten, da kamen zwei Lecker Bürger auf der Hauptstraße daher, mit denen man es immerhin mal versuchen könnte: Norling, der Leiter des gemeindeeigenen

Elektrizitätswerks, und Hanni Herrmann, ein Sohn des Verlegers vom „Lekker Anzeiger" J. E. Herrmann.

Der Bäcker fing in seinem Gespräch mit den beiden von Nebensächlichkeiten an. So war es seine Art, wenn er auf etwas ganz Bestimmtes zusteuerte. Aber die beiden ließen sich nicht lange mit Nebensächlichkeiten aufhalten. Sie wollten wissen, was an dem Gerücht dran sei, daß hier im Haus eine Rundfunkanlage eingebaut werde. Damit hatte der Bäcker die beiden genau da, wo er sie haben wollte. Er zeigte sich aber uninteressiert, fast gelangweilt ob ihrer Neugierde. „Ach Gott, das?" meinte er gedankenverloren. „Ja, das!" forderten jetzt sehr energisch die beiden.

Ja, Gott nochmal, die ganze Rundfunkanlage selbst sei ja gar nicht mehr so wichtig, es gäbe inzwischen eine viel interessantere Neuigkeit. Aber das sei ein Geheimnis, ein Geheimnis, das seit Generationen gehütet wurde.

Es wurde für die beiden immer spannender, je häufiger der Bäcker nach vagen Andeutungen schwieg, bedeutsam den Kopf hin- und herwiegte und durchblicken ließ, daß er nicht so recht wisse, ob es gut sei, schon jetzt darüber zu sprechen. Damit hatte er die Sensationsgier der beiden so angeheizt, daß sie ihn bedrängten - nein, sie beschworen ihn - ihnen das Geheimnis anzuvertrauen, sie seien doch Ehrenmänner und wüßten sein Vertrauen zu würdigen. Gewiß, das stehe außer Frage, sie beide seien Ehrenmänner, aber, aber... Aber die Gefahr, die mit der Preisgabe des Geheimnisses verbunden sei, ob er die Verantwortung auf sich nehmen könne, das sei hier die Frage, wenn er diese Worte des unglücklichen dänischen Prinzen abgewandelt gebrauchen dürfe!

Sein imaginärer Pakt mit Hamlet ließ es zu, sich erweichen zu lassen. Er führte die beiden hinter das Haus - noch nicht hinter's Licht, wie die Ahnung des Lesers allzu deutlich vermutet -, und zeigte mit leichter Handbewegung auf das für die Erdung ausgehobene Erdloch. Was das denn bedeuten solle, fragte man ihn, man verstehe nicht recht. Wo denn, wenn schon etwas Geheimnisvolles zu erkennen sein sollte, wo denn das Geheimnisvolle sei. Der Bäcker ließ die beiden mit ihrem Nachdenken, und ihren aufgeregten Vermutungen sich selbst in leichte Ekstase hineinmanövrieren. Er brauchte doch nur zu schweigen und uninteressiert zu tun, um ihre Neugier zu steigern.

Schließlich unterbrach er den Disput mit ernster Miene, das alles sei kein Spaß und wenn man keinen Sinn für ernsthafte Entdeckungen habe, dann sei es vielleicht besser, man unterhalte sich über etwas anderes, zum Beispiel über das Wetter. Jetzt waren die beiden aufgescheucht, ihre Neugier noch mehr angestachelt. In der Angst, ihnen könne etwas Bedeutsames entgehen, beteuerten sie eilfertig, ihnen sei es durchaus sehr ernst mit dem, was der Bäkker angedeutet habe. Nur - und man war sehr zurückhaltend in der Anmeldung von Bedenken - man könne den Zusammenhang von allem nicht verstehen, dafür möge er doch bitte Verständnis haben. Sie seien sehr begierig darauf, Näheres zu erfahren. Der Bäcker zeigte sich milde gestimmt und deutete mit dem Finger wortlos in die dunkle Tiefe der Grube. So standen die drei Männer schweigend um das Erdloch und schauten hinab ins Dunkle, ohne daß die beiden Unwissenden recht etwas entdecken konnten. Schließlich weckte die Stimme des Bäckers sie aus ihrer Erstarrung: „Was sagen Sie dazu?“ sagte er nur, nichts weiter und ohne jede Erklärung. Die beiden standen unbeweglich am Rande des Lochs in der Haltung der Staunenden, obgleich ihnen nicht bewußt war, was es an Bestaunendswertem überhaupt zu sehen gab. Aber sie waren sich doch irgendwie der Wichtigkeit bewußt, die dieser stillen Minute Bedeutung verlieh.

Man schwieg gemeinsam noch eine ganze Weile, dann verkündete der Bäkker mit fast weihevoller Stimme: „Das ist die gußeiserne Truhe!“ Man verstand immer noch nicht, wagte aber nicht zu fragen, weil man keine Zweifel erkennen lassen wollte. Aber jetzt schauten beide doch etwas genauer und konzentrierter hin, und wahrhaftig, ganz unten in der Tiefe des Erdlochs war ein Etwas zu erkennen, das gußeisern und vielleicht auch eine Truhe, wenn auch eine sehr kleine, sein konnte. Nun, wenn man sich Mühe gab, erkannte man eine Truhe. Aber warum hatte der Erklärer so bedeutungsvoll gesagt: Das ist die Truhe, welche besondere Truhe sollte das sein?

„Ich weiß von meinem Großvater“, dozierte der Bäcker, mit gekonntem Pathos, „daß auf diesem Grundstück ein Schatz vergraben ist, Gold und andere Schätze von hohem Wert. Goldstücke! Verstehen Sie: pures Gold! Er soll sich in einer gußeisernen Truhe befinden. Verstehen Sie mich jetzt endlich, und begreifen Sie, warum ich so vorsichtig bin?“

Die beiden verstanden und staunten. Warum denn mit dieser Truhe da unten nichts geschehe, wollten sie wissen. Er habe alles Erdenkliche versucht, beteuerte der Bäcker, aber all’ sein Bemühen sei vergeblich gewesen. Man könne den Deckel der Truhe nicht öffnen, man könne ihn einfach nicht lösen, weil er zu fest eingerostet sei. Und das wiederum könne mit einer alten Weissagung zu tun haben. Darum habe er lieber und aus Vorsicht die verschlossene Truhe wieder in die Erde versenkt. Dort sei sie gut geborgen.

Im übrigen, die Weissagung, und das gebe er zu bedenken, habe mit einem Gespenst zu tun, so habe es sein Großvater berichtet. Dieses Gespenst, habe es da geheißen, könne Tod und Pest und Verderben über die Menschen, die Hand an sie legten, bringen. Und leiser sprechend fügte der Bäcker hinzu, darum soll man die ganze Sache vielleicht besser auf sich beruhen lassen. Vielleicht sei es der Wille des Unheimlichen, daß diese Truhe bis in alle Ewigkeit ungeöffnet bleibe. Es war offensichtlich, daß die drei von nun an recht unterschiedliche Meinungen über die Sache hatten, wenn auch kein Wort gesprochen wurde.

Hanni Herrmann zog sich zurück und wollte die Angelegenheit auf sich beruhen lassen, was es auch immer damit auf sich haben mochte. Der Bäcker hatte seine Meinung laut ausgesprochen. Nur Norling wollte die Sache anscheinend noch nicht verlorengeben. Er bedeckte seinen Mund mit der linken Hand und schickte den Blick seiner Augen in eine nicht erkennbare Ferne, anscheinend durch die Wände des Nachbarhauses von Georg Carstensen hindurch. Er war mit seinen Gedanken weit weg. Er nahm die linke Hand vom Gesicht und biß sich nunmehr auf das Gelenk des kleinen Fingers, indem er einen surrenden Ton von sich gab. Sein Blick ging erst himmelwärts, dann in die Tiefe des schier unvorstellbaren Schatzes. Dann hatte er einen Entschluß gefaßt. Er schien jedenfalls fest entschlossen zu etwas, das er noch nicht ausgesprochen hatte, denn sein Blick war starr auf den Bäcker gerichtet und verhieß, daß ein wichtiges Wort folgen würde.

Nach einer Weile neuerlichen Schweigens sprach er mutig und entschlossen: „Ich werde es wagen!“ Der Bäcker drückte die Hände flach an seinen Körper, die Ellenbogen standen weit ab, und er ging gesenkten Hauptes einige Schritte hin und einige zurück, dann blieb er stehen und flüsterte Norling zu: „Das kann schiefgehen, mein Lieber.“ Aber Norling ließ sich von seinem Entschluß nicht wieder abbringen und sagte fest: „Ich riskier's... und wenn ich's schaffe, dann Halbe-Halbe... was sagen Sie dazu?“

Der Bäcker schien in schwerste Gewissensnöte gerissen worden zu sein, er sagte zunächst gar nichts, er fand nicht die passenden Worte für eine Antwort ob dieses wagemutigen Vorschlags. Er dachte nach, er dachte lange nach, so daß das Warten für Norling zur Qual wurde (was der Bäcker auch durchaus bezwecken wollte). Aber Norling drängte trotzdem nicht, ging es hier doch um ein mögliches Vermögen von großem Ausmaß.

„Gut“, sagte der Bäcker, „einverstanden. Aber ich will nicht dabei sein. Das müssen Sie ganz allein machen.“ Sagte es und ging ins Haus.

Norling stieg in das tiefe Loch und berührte zum ersten Mal die gußeiserne Truhe mit der Hand – so klein war sie gar nicht – . Er lächelte still. Nach einigen Überlegungen holte er sich einen Strick, den er mit Mühe unter die Truhe schob. So konnte er die Kostbarkeit schwitzend und stöhnend allmählich heben.

Norling nahm die nicht einmal so schwere Last mit in seine Werkstatt beim E-Werk, wo er genügend Werkzeug für das Öffnen zur Verfügung hatte.

Der Schweiß rann ihm von der Stirn, und nach mühevoller, fast qualvoller und mit viel Geschick geleisteter Arbeit gelang ihm die Öffnung. Norling hob, der Bedeutung des Geschehens und der Würde des Augenblicks voll bewußt, sachte den Deckel ab.

Anfangs packte ihn die Wut, doch dann besann er sich und nach einer Weile konnte er sogar lächeln, er lachte über sich selbst: „Verdammt nochmal, wieder ein Trick vom Bäcker!“ dachte er und flüsterte es wohl auch vor sich hin. Allmählich wieder friedlich gestimmt, entnahm er der Truhe den Inhalt: Es war die neueste Ausgabe des „Lecker Anzeiger“.

Die Erklärung ist schnell gegeben. Bäcker Harksen hatte die alte Truhe auf dem Dachboden entdeckt. Er kombinierte schnell und da hatte er die Erleuchtung für diesen Schabernack. Er brauchte den Deckel der Truhe am Rande nur mit Pech und feinsten Sandkrümeln zu präparieren und schon hatte er das geheimnisvolle Wunderding – ganz und gar fest verschlossen – fertig, das er dann ins Erdloch fallen ließ. Auf diese Weise hatte er den Deckel so fest eindrücken können, daß er nur unter großen Mühen abgehoben werden konnte – wie wir gesehen haben.

6. Die Durchsage

Die Rundfunkanlage war also jetzt im Hause, Freunde kamen, um das Wunder zu erleben. Jeder durfte für Minuten den Kopfhörer aufsetzen, um den noch unverständlichen Lauten aus dem Äther zu lauschen. Das meiste, was man vernahm, war nicht Sprache, Gesang oder Musik, man war schon froh, wenn man überhaupt Geräusche hörte, weil man allein schon dadurch das prickelnde Gefühl bekam, irgendwie mit der unbekannten Welt weit draußen verbunden zu sein. Wenn die Spulen bewegt wurden, gab es im Kopfhörer viel Gepiepse und Geheule und oft nichts als das. Aber immerhin das! Ja, so hat es damals mit dem Radio angefangen.

Technische Verbesserungen ließen nicht lange auf sich warten, und schon gab es den ersten Lautsprecher, der den Ton im ganzen Zimmer verbreitete. Der Bäcker holte sich einen Lautsprecher aus Tondern im nahen Dänemark, der trug das Markenzeichen MAGNA VOX. Das war ein imposantes Gebilde, ein kleines massives Fundament, von dem aus sich ein dünnes Rohr zu einem umfangreichen Schalltrichter entwickelte, im Umfang so groß wie eine normale Konditortorte. Man konnte jetzt irgendwo im Raum sitzen, war nicht mehr durch den Kopfhörer über eine Drahtleitung mit dem Apparat verbunden, und hörte anfangs auch wieder nur Gepiepse, dem dann aber doch Sprachfetzen folgten. Ein zweiter Lautsprecher, bescheidener in seinem Ausmaß, wurde angeschafft, er wurde in einem anderen Raum aufgestellt, und wie der erste mit einem langen Draht an das Empfangsgerät angebunden.

Wenn auch die Ära des Lautsprechers noch keine Vollkommenheit des Empfangs bot, so fand der Bäcker doch schnell Möglichkeiten, mit den beiden Lautsprechern neue Schabernacks zu arrangieren.

Hier sei schon mal auf die Polizeistunde hingewiesen, die auch damals – wenn die Zeiten zu heute auch sicherlich geruhsamer und gemütlicher waren – für öffentliche Lokale unerbittlich eingehalten wurde. Die Uhrzeit ist nun mal überörtlich fixiert. Es nützte nichts, wie es damals ein Gastwirt versucht hatte, den Uhrzeiger anzuhalten, die kontrollierenden Gendarmen hatten ihre eigenen unbestechlichen Taschenuhren. Seit neuestem konnte man sogar vom Hamburger Rundfunksender NORA die genaue Uhrzeit erfahren. Diese Genauigkeit der Zeitangabe ist indes für den nächsten Fall unwichtig, vielmehr spielen die beiden Lautsprecher eine tragende Rolle.

Der Bäcker hatte bald herausgefunden, daß man sich von einem Lautsprecher zum anderen, das heißt aber, von einem Zimmer zum anderen Zimmer, verständigen konnte. Zugegeben, diese Fernverständigung war durch reinen Zufall entdeckt worden, aber was soll's, Hauptsache, man hatte sie gefunden. Als nun feststand, daß der Ton, der an einem Lautsprecher erzeugt wurde, im anderen zu hören war, pfiff der Bäcker einen dünnen Lufthauch zwischen den beiden Vorderzähnen, die etwas voneinander abstanden, durch, wie eine

Lokomotive, die Dampf abläßt, und er begann nachzudenken und zu überlegen, welche Möglichkeiten sich aus der neuen Erkenntnis ergaben.

Er war ein vorsichtiger Mann und probierte erst mehrere Male. Er stellte sich an den Empfangslautsprecher, seine Frau sollte in den „Sender“ hineinsprechen. Sie sagte launig: „Ik hev keen Tied, nu maak man'n beeten gau.“ Womit sie ihren Mann gleichzeitig daran gemahnte, daß sie noch die ganze Hausarbeit zu machen und für seine Späße keine Zeit habe. Dann hörte sie im Gegenruf: „Meine Damen und Herren, hier ist der nächste Schabernack fällig.“ Sie lächelte verträglich und bestätigte, daß die Übertragung funktionierte.

Damit war der Bäcker zunächst zufrieden. Zunächst, denn für die praktische Verwendung dieser Entdeckung mußte sich noch erst eine wirklich lohnende Gelegenheit bieten. Für einen kleinen Spaß wäre die Errungenschaft zu schade gewesen. Ihm war klar, daß man mit dem Trick sehr leicht jemanden aufs Kreuz legen konnte, denn das Radio war zu jener Zeit ein Medium, das noch allseits bestaunt wurde und jedem den größten Respekt einflößte.

Es kam zu einem Wahltag, eine Wahl für den Reichstag in Berlin, der schon wieder neu besetzt werden sollte, war fällig. Die Gäste im Café des Bäckers lauschten bis in die späten Abendstunden den Nachrichten, die mit krächzendem Begleitton aus dem Lautsprecher kamen. Die Ergebnisse der Wahl in einzelnen Bezirken wurden bekanntgegeben. Die Spannung wuchs. Man erwartete das vorläufige Gesamtergebnis. Aber leider kam es bis zur gesetzlich festgesetzten Polizeistunde nicht mehr durch. Schade, dachten die Gäste, aber nicht so der Bäcker.

Die beiden Dorfgendarmen erschienen im Lokal und baten die Gäste höflich zu zahlen und aufzubrechen. Die Bäckersfrau goß den beiden Ordnungshütern zwei starke Grogs ein, „weil es draußen doch so kalt ist“, aber auch um den Gästen eine kleine Frist für einen letzten Schluck zu geben – hauptsächlich jedoch, weil ihr Mann diese kleine Regieanweisung gegeben hatte, die sie getreulich befolgte. Die Gendarmen waren gut gelaunt und mit der kurzen Wartezeit einverstanden. Sie interessierten sich für den Lautsprecher der neumodischen Radioanlage und lauschten den Geräuschen die er ausstieß, mit großer Neugier. Die allgemeine Spannung wurde stärker, als aus dem Lautsprecher für die nächsten Minuten eine Sondermeldung angesagt wurde.

Sondermeldung! Da muß doch etwas Ungewöhnliches passiert sein. Man rätselte, während man mit polizeilicher Toleranz noch eine Runde bestellte, die außergewöhnliche Situation ließ das zu. Man hörte Musik aus dem Lautsprecher, man war zu aufgeregt, um genau hinzuhören und man merkte nicht, daß es die gleiche Musik war, die vorher auf dem Grammophon des Lokals gespielt worden war.

Endlich, endlich hörte man wieder, und diesmal ganz deutlich, eine Stimme, eine seltsame Stimme, sie klang, als ob der Sprecher ein Tuch vor dem Mund hatte, aber wer achtete jetzt auf eine solche Nebensächlichkeit, eine Sensation stand bevor! Die Stimme hielt die Hörer hin mit Nachrichten, die am Tag zuvor im „Lecker Anzeiger“ gestanden hatten, wer interessierte sich noch dafür? Es sei Wahltag im ganzen Reichsgebiet, verkündete die Radiostimme. Das wußte man ja, das war nichts Neues, aber die Stimme fuhr fort:

„Aus Anlaß der heutigen Reichstagswahl wird die Polizeistunde für diese Nacht im gesamten Reichsgebiet aufgehoben. Damit stellen wir für heute den Sendebetrieb ein. Gute Nacht."

Nun gut, soll der Sendebetrieb für heute doch beendet sein, wen schert das noch. Hauptsache, man kann weiter feiern. Auch die beiden Uniformierten freuten sich, waren sie doch jetzt außer Dienst, gewissermaßen, so könnte man es doch sehen, so gut wie in Zivil. Und als Bürger hatten sie das Recht mitzufeiern.

Alle Gäste waren zufrieden, konnten sie doch weitere Bestellungen aufgeben. Sie hatten aber nicht mit dem Bäcker gerechnet, der urplötzlich wieder mitten unter ihnen war. Er machte eine ernste Miene (und spielte gekonnt den ahnungslosen Unschuldsengel), klatschte in die Hände und bat seine „sehr verehrten Gäste" nun endlich nach Hause zu gehen, man dürfe die Geduld der Polizei nicht über Gebühr strapazieren: „Also, bitte, meine Herrschaften, seien Sie so liebenswürdig, es ist endgültig Polizeistunde."

Hier griff die Polizei persönlich und versöhnlich ein: „Wir freuen uns, daß Sie so auf Recht und Ordnung achten. Aber heute Abend sind Sie im Unrecht... Ja, Sie wissen es noch nicht, ich sehe es Ihnen an, Sie machen ein verdutztes Gesicht. Die Polizeistunde ist heute für das gesamte Reichsgebiet aufgehoben. Die Meldung kam eben aus Ihrem Lautsprecher, während Sie wohl anderes zu tun hatten. Ihre Gäste dürfen solange feiern, wie sie wollen."

Der Bäcker tat sehr überrascht, hatten doch kurz zuvor die Ordnungshüter selbst Polizeistunde geboten. Die Ordungshüter hatten die Uniformmütze abgesetzt, das Koppel beiseite gelegt und erklärten dem Bäcker in jovialem Ton: „Da machen Sie sich man keine Sorgen, die Sondermeldung kam, als Sie gerade mal draußen waren. Ausgerechnet in dieser wichtigen Minute waren Sie nicht anwesend. Aber es genügt ja, daß wir beide sie gehört haben."

Der Bäcker blickte verdutzt in die Runde und dachte für sich, wie hätte ich hier sein können, hatte ich doch an anderem Ort eine wichtige Mission. Er freute sich diebisch, daß „seine Sendung" so gut angekommen war.

Am nächsten Tag stand die Nachricht von der fingierten Eigensendung des Bäckers im „Lecker Anzeiger", der nachmittags auf den Kaffeetisch flatterte. Die Gendarmen bewiesen, daß sie Sinn für Humor hatten, als sie am späteren Nachmittag dem Bäcker eine schön gemalte Urkunde überreichten, die ihn „im Namen des Deutschen Kaisers und Königs von Preußen" zum „Schabernack-König" ernannte.

7. Die Regierungsdelegation

Die Nachricht von derartigen „Eigensendungen“ verbreitete sich, und einige Jahre später entsann sich Küster Keden in Stedesand jener vielbelachten Begebenheit. Er hatte inzwischen auch ein Rundfunkgerät, und er hatte es dringend nötig, den Trick mit der Durchsage von Lautsprecher zu Lautsprecher genauer zu studieren. Seine vorgesetzte Behörde, die Regierung in Schleswig, hatte ihn in Bedrängnis gebracht, eigentlich und tatsächlich hatte er sich selbst in diese Bedrängnis manövriert. Und mit schönen Worten konnte er sich nicht mehr aus der Klemme befreien, es bedurfte schon des Einsatzes der technischen Errungenschaft, für die der Bäcker vom Marktplatz „geadelt“ worden war.

Keden war nicht nur Leiter der dörflichen Volksschule, er spielte am Sonntag auch die Orgel in der Kirche, wodurch er den mageren Gemeindegesang zu stärken oder vielleicht auch nur zu übertönen hatte, damit das Gekrächze nicht hörbar wurde.

Keden und Pastor Muus waren gute Bekannte. Sie trafen sich nicht nur in der Kirche, sondern hin und wieder auch mal außerhalb ihres Dienstes. Bei einer Begegnung - es war nach einer Trauung, und Pastor und Küster besuchten kurz die Hochzeitsgesellschaft im Hause, wie es so üblich war - wagte der Küster dem Pastor eine Wette anzubieten, man schwamm auf den Wellen der Fröhlichkeit des schönen Ereignisses. Der Küster sagte, er werde am nächsten Sonntag als Vorspiel für den letzten Choral das bekannte Volkslied „Oh! Du lieber Augustin“... präludieren, dieser Einfall war ihm plötzlich gekommen, aus der guten Stimmung, die das Hausfest erzeugt hatte. Der Pastor schmunzelte zwar, aber er winkte ab, nicht nur wegen Gefährdung der Heiligkeit der Kirche - der Gottesdiener war aufgeschlossen, weltoffen - nein, er befürchtete Schwierigkeiten für den Küster. Der könne sich, so meinte der besorgte Seelsorger, mit einem solchen Jux erhebliche Scherereien einhandeln. Und damit hat der Pastor recht behalten.

Aber in des Küsters Kopf hatte sich der Plan festgesetzt, er war entschlossen, auch ohne Wette das Lied auf der Orgel zu spielen. Sie tranken noch als wackere Nordfriesen einen Teepunsch auf das Wohl des frischgetrauten Paares und gingen gemeinsam. Unterwegs versuchte der Pastor den Küster zu beschwichtigen: „Machen Sie keinen Ärger. Wir wollen doch froh sein, daß der Herrgott uns dieses friedliche Leben schenkt. Fügen Sie sich doch nicht selbst ein Ungemach zu.“ „Doch!“ war die kurze entschlossene Antwort des Küsters.

Bei der Verabschiedung mahnte der Pastor noch einmal: „Wir haben vielleicht zuviel Teepunsch getrunken, denken Sie an die gemütliche Festesrunde. Seien Sie doch froh, daß Gott uns solche Eintracht und Zufriedenheit gönnt.“

Vom Gönnertum Gottes wollte der Küster jetzt ganz und gar nichts wissen, er liebte den Mannesmut, Vorfahren von ihm waren freie Seefahrer gewesen.

„Hören Sie gut zu, Herr Pastor", sagte der Küster noch zu guter Letzt, „es bleibt dabei, am nächsten Sonntag spiele ich in der Kirche das Lied ‚Oh, du lieber Augustin', glauben Sie das nun oder wollen Sie wetten?"

„Mit dem Glauben hat das nun wirklich nichts zu tun", hielt der Pastor ihm entgegen, „und wenn es Ihnen Freude macht, lieber Freund, dann wette ich lieber, obgleich das sündhaft ist, denn ich bin sicher, daß Sie jetzt nur einen Spaß gemacht haben." So trennten sich die Beiden.

Der Gottesdienst begann wie an jedem Sonntag. Nach der Predigt und dem Segen folgte der Schlußgesang. Und dieser anschließende Choral am Ende des Gottesdienstes wurde lange und ausdauernd präludiert, das heißt, er hatte ein Vorspiel, wie man es nicht gewohnt war, es dauerte und dauerte. Es dauerte zu lange.

Die Männer unten im Kirchenschiff wurden ungeduldig, weil sie sich zur sonntäglichen Teepunschrunde im Dorfkrug hingezogen fühlten, die Frauen wurden unruhig, weil die Kartoffeln und der Sonntagsbraten aufs Feuer gesetzt werden mußten. Aber das Orgelspiel bis hin zu dem Takt, wo der Gesang der Gemeinde einsetzen mußte, dauerte eine kleine Ewigkeit. Und weil man ohnehin unzufrieden war ob des langen „Gedudels", weil man nun weder den üblichen Termin zum Teepunsch noch den der Kartoffeln einhalten konnte, wurde man hellhörig und entdeckte etwas Ungewöhnliches. Nicht, daß man in sich ging und offener der Stimme Gottes lauschte, die von der Predigt her noch in ihnen wach sein konnte. Nein, das Unübliche war es, das sie aufmerksamer hinhören ließ.

Dankbar wurde man sich klar, daß man endlich einen Grund für seinen Mißmut heraushören konnte. Der Küster, ja der! Und dieses Lied, das man kannte! Unerhört! Dabei ging es den braven Kirchgängern nicht einmal so sehr um das lange Orgelspiel vor dem Choral als um die vergeudete Zeit für Teepunsch und Kartoffeln.

Indes, einige Gottesfürchtige besprachen nach dem Verlassen der Kirche das Vorkommnis. Es habe sich nicht um ein christliches Lied gehandelt, sondern um eins, das auf Jahrmärkten gesungen wird. Man flüsterte es einander zu. Das war nun doch wirklich die Höhe! Erstens wegen der Ärgerlichkeit, daß jetzt zeitlich alles durcheinander lief, und zweitens wegen des Ärgers mit dem Küster, den es geben würde. So etwas ist lästig und stört die Bequemlichkeit.

Die Ärgerlichkeit wurde beim Teepunsch ertränkt oder beim Aufsetzen des Essens abreagiert. Aber der Ärger mit dem Küster war nicht so leicht aus der Welt zu schaffen. Die Sache kam zu Ohren der Regierung in Schleswig, und die Regierung mußte irgendwie reagieren. Es mußte gehandelt werden, das gebot die Schwere der Verfehlung des Küsters.

Es mußte etwas geschehen. Und es geschah etwas. Es geschah etwas in Gestalt einer Regierungskommission, die sich nach Stedesand begab, um an Ort und Stelle den Vorfall zu untersuchen und zu prüfen, wie das „gotteslästerliche Verhalten" des Küsters im dienstlichen Bereich gerügt werden könnte.

Wörtlich genauso hatte es in dem Brief an die Regierung geheißen, den einige Schreibkundige verfaßt hatten.

Die Beratung der Kommission sollte im Schulhaus stattfinden, in dem der Küster gleichzeitig seine Wohnung hatte, das Haus war staatlicher Besitz, und darum... Der Beschuldigte stellte sein großes Wohnzimmer zur Verfügung, in dem die Regierungsherren ganz unter sich verhandeln konnten. Der gewitzte Schulmeister, der gemaßregelt werden sollte, wußte seine Chance zu nutzen.

Die Vertreter der Schleswiger Regierung wurden vom „Delinquenten" höflich (fast untertänig) empfangen und in den für sie reservierten Raum geleitet. Die Abgesandten der Regierung registrierten die Devotheit des Menschen, über den zu urteilen sie gekommen waren, mit gelassener, aber doch wohlwollender Aufmerksamkeit. Das offensichtlich reumütige Verhalten des Schulmeisters erfüllte sie mit Genugtuung, und sie zeigten sich sogar so huldvoll, einige fast freundlich klingende Worte mit ihm zu wechseln, wobei sie natürlich mit peinlicher Vorsicht darauf bedacht waren, das Thema, das auf der Tagesordnung stand, mit keinem Wort zu erwähnen. Dieses kam dann später zur Sprache, aber ganz anders als die hohen Herren es sich vorgenommen hatten. Das darf (bei aller Diskretion - versteht sich -) schon hier erwähnt werden.

Man betrachtete den Raum, der zur Verfügung stand, und die Einrichtung darin mit milder Nachsicht. Man war ja schließlich Städter, und dies hier war ein Dorf, ein bäuerliches Dorf. Der Blick blieb dann jedoch an einem Gegenstand hängen, der in dieser Umgebung ungewöhnlich schien. Der stand mitten auf dem großen Tisch, an dem verhandelt werden sollte. Der Küster hatte den Rundfunkempfänger so hingestellt, daß er einfach nicht übersehen werden konnte. Mit höflicher Bescheidenheit wies er darauf hin, daß er diesen Radioapparat schon seit längerem besitze, die hohen Herren seien aber gewiß über Art und Bedeutung eines solchen Gerätes informiert. Zunächst nickte man stumm mit dem Kopf, machte dann eine beredte Bewegung mit den Händen, was Selbstsicherheit bekunden sollte. Natürlich hätte man schon von dieser Neuerung gehört, eine Kommission der Regierung mußte doch über alles Bescheid wissen, was sich in der Welt so tat. Ja, diese profilierten Angesandten einer hohen Behörde schmeichelten sich, und sie taten es kund, eine empfangsbereite Antenne (!) für alles Fortschrittliche zu haben. Der Küster lächelte verlegen, innerlich feixte bei ihm aber ein schadenfroher Lausbub.

Er hatte nämlich auch eine Antenne, zwar keine geistiger Art wie die edlen Herren (in Gedanken erhöhte er sie scherzhaft zu Grafen oder Fürsten), dafür hatte er aber eine Antenne auf dem Dach der altehrwürdigen Schule. Und von jener führte ein dünner Draht bis hinunter in das Zimmer der Herren Berater und dort justament genau zu dem von ihnen bestaunten Gegenstand. Es wurde weiter erklärt (der Küster trug alles so vor, als komme die Weisheit aus dem Munde der personifizierten Regierung), daß man die Stimme des Sprechers im Hamburger Sender mittels Wellen herleiten und in dieses Gerät auf den Tisch holen konnte. Verständnisvolles Kopfnicken ringsherum. Aufregend, aufregend! Denn zu jener Zeit war das Rundfunkhören noch so selten und Respekt erheischend wie später, anno domini 1969, der Flug zum Mond.

Daß ein zweiter dünner Draht zu einem anderen Lautsprecher in eines der oberen Gemächer führte, verschwieg der Hausherr geflissentlich.

Der Küster erwies sich als eilfertiger Diener der Obrigkeit und bekundete seine Bereitschaft, eine kleine Kostprobe des Phänomens zu liefern. Oh ja, das wäre schön, wenn er denn so freundlich sein wolle, gab man ihm zu verstehen. Er wollte, und wie gern er wollte! Er ging hinaus, um die notwendigen Schaltungen auszuführen, die für den Empfang notwendig seien, so begründete er sein Verschwinden.

Die richtigen Schaltungen, um seine eigene Stimme ins Zimmer zu leiten, nahm er auch schon vor. Er schmunzelte bei seinen Hantierungen, wie damals der Bäcker vom Lecker Marktplatz geschmunzelt haben mochte, als er die Gendarmen hinters Licht führte. Eines mußte er jedoch jetzt bedenken, hier handelte es sich nicht um Dorfpolizisten, sondern um Beauftragte der höchsten Behörde im Regierungsbezirk Schleswig. Er ging entschlossen und mit Bedacht ans Werk.

Die hohen Herren lauschten gespannt dem anfänglichen Gepiepse, das der Apparat von sich gab, dann den schon seriöser klingenden Heultönen, bis schließlich das erste gesprochene Wort aus dem Lautsprecher kam und sie so faszinierte, daß sie einander bedeutungsvoll zunickten, ohne ein lautes Wort zu sagen. Das war neu! Das war Errungenschaft der Technik! Das war einfach überwältigend!

Sie dachten nicht an den Auftrag, der sie hergeführt hatte, jetzt waren sie ganz und gar in Anspruch genommen von dem neuartigen Apparat, von dem man zwar (selbstverständlich) schon gehört, den man aber bis heute noch nicht persönlich erlebt hatte. Es war ein einmaliges Erlebnis, beteuerten sich die Regierungsherren gegenseitig, und sie gewährten sich auch gegenseitig die Toleranz, die der Aufschub ihres Auftrags jetzt nötig hatte. Man lächelte sich verständnisvoll zu und man lauchte weiter.

Wie klein doch die Welt durch die fortschreitende Technik wird! Hier in Stedesand, in einem kleinen Dorf nahe der Westküste, saß man gemütlich in der Stube und hörte eine Stimme aus der Weltstadt Hamburg, und diese Stimme kündete von der nordfriesischen Heimat, in der man sich zu dieser Stunde gerade befand, einfach überwältigend!

Der Küster kam in den Raum und fragte, ob er abschalten solle. Nein, nein, oh nein, man habe nocht Zeit, für eine so tolle Sache habe man immer Zeit (Juchhe, ergänzte still in sich der Küster), das begonnene Musikstück wolle man zu Ende hören, man können den Angebotenen auch noch weiter lauschen, man habe es nicht eilig.

Man habe noch Zeit! Und das war die Zeit des Küsters. Es sei eine tolle Sache! Und das war die tolle Sache des Küsters. Jetzt kam seine Stunde. Er nahm die Nadel vom Grammophon, das die Musik von Lautsprecher zu Lautsprecher vermittelt hatte und begann mit verstellter Stimme zu sprechen.

Aus dem Lautsprecher vernahmen die überraschten Regierungsvertreter einen Lobgesang auf den Küster Keden im fernen Stedesand, den Heimatforscher, den Diener der nordfriesischen Heimat, den beispielhaften Pädagogen, der den Weg der Schulkinder ins oft harte Leben geöffnet und geebnet habe und der bescheiden und wahrhaft gottesfürchtig seine Beamtenpflichten erfülle. Noch mehr wurde gesagt, über abseitige Themen für die man danach kein Interesse mehr hatte und dann folgte wieder Musik, blecherne Grammophonmusik.

Wieder betrat der Küster den Raum, leise, denn er wollte nicht stören. Er entschuldigte sein Eindringen, bevor er fragte, ob er jetzt abschalten solle, er selbst habe inzwischen mit Gartenarbeit seine Zeit vertrieben und wisse nicht genau, was jetzt aus dem Lautsprecher komme.

„Doch, doch," sagte man mit äußerster Freundlichkeit, „stellen Sie bitte den Apparat ab," man habe jetzt zu beraten. Aber die Herren hatten schon jetzt, bevor sie mit der Besprechung beginnen würden, ein klares, unerschütterliches Urteil über den Freund der angestammten Heimat, über den gottesfürchtigen Pädagogen aus Stedesand, so daß eigentlich gar nicht mehr beraten werden mußte.

Die vornehmen Herren einer hohen Regierung empfanden eine Art Schamgefühl und waren gern bereit der Einladung des Küsters - den sie zuvor ihr Wohlwollen (aber mehr auch nicht, Hochachtung wäre schon zuviel gewesen) ausgesprochen hatten - in die nahe Gastwirtschaft zu folgen, wo ihnen nach einem kleinen Imbiß Teepünsche gereicht wurden. Ein gar liebliches Friesengetränk, dieser Teepunsch, aber, aber es konnte auch heimtückisch sein für den, der es nicht kannte. Ja, der Küster hatte weitsichtig, und nicht gerade gottesfürchtig, eher frevelhaft geplant. Wir werden sehen.

Auch hier wird der Küster der Sieger. Teepunsch war den verehrungswürdigen Vertretern der Regierung ebenso unbekannt wie das Radio und sie unterlagen auch hier dem Küster, ja, sie rutschten im Laufe eines langen Nachtgelages unter die Tische, wo sie ihren Rausch aber nicht ganz ausschlafen konnten, weil der Küster, frisch rasiert und gut gelaunt sie zeitig zu ihrem Zug geleiten wollte. Er leistete Erste Hilfe, indem er die wackeren Mannen aus Schleswig zu einem opulenten Frühstück mit Eiern und Speck einlud. Das aber wurde von seiner freundlichen Frau im Zimmer der regierungsamtlichen Beratung serviert.

Man war dankbar, man war beglückt, dank der Wohltat des Essens. Und jetzt kam eine unbestimmte Ahnung auf, ob der nordfriesische Schulmeister vielleicht von Anfang an ein frevelhaftes Spiel mit ihnen getrieben hatte, wer weiß? Jedoch hielt man es für ratsam, über eine solche Möglichkeit keine weiterführenden Gedanken zu entwickeln.

Man bedankte sich bei der Hausfrau. Man verabschiedete sich freundschaftlich (war nicht etwas von Brüderschaft gesagt worden?) aber immer noch oder schon wieder von oben bis unten Standesperson. Man fuhr weg und man glaubte, noch einigermaßen gut davongekommen zu sein. Das aber registrierte der Küster auch für sich.

8. Nachhilfe bei der Prüfung

Daß Lehrer Keden ein Herz für die ihm anvertrauten Schüler hatte, hat sich immer wieder gezeigt. Er war nicht der „Pauker", der den Schulkindern nur das lehrplanmäßig vorgeschriebene Wissen vermittelte, er bereitete sie auf das Leben vor, wie es in der Realität des Alltags abläuft.

Auch im Unterricht zeigte er, daß er Sinn für Humor hatte. Er war nach seiner Stedesander Zeit Rektor der Mittelschule in Leck geworden, das war dann aber schon nach dem Zweiten Weltkrieg. Bei der letzten Abschlußprüfung vor seiner Pensionierung zeigte er einmal wieder, daß er ein Pädagoge mit Herz war.

Man schrieb die Mathematikarbeit. Der Mathematiklehrer, der die Aufsicht zu führen hatte, war ein starker Raucher. Das wußte Rektor Keden. Darum ging er in den Prüfungsraum und bot seinem Mathematik-Kollegen an: „Gehen Sie ruhig für einige Zeit hinaus, damit sie mal eine Zigarette schmauchen können. Ich rufe sie dann wieder."

Der Lehrer bedankte sich bei seinem Rektor für diese großzügige Freundlichkeit und überließ ihm die Aufsicht bei der mathematischen Prüfungsarbeit für eine Weile. Kaum war der Lehrer außer Sicht und Hörweite, forderte Keden die Schüler auf: „Los, los... wer hat die richtigen Lösungen. Schnell durchsagen für die, die sie noch nicht gefunden haben!" Er half den Schülern beim Austausch der Hefte, damit die richtigen Ergebnisse von den Schülern, die schwach in Mathematik waren, abgeschrieben werden konnten. Als er sah, daß einige Ergebnisse übertragen worden waren, stoppte er die Aktion und meinte lakonisch: „Ein paar Fehler müssen schon noch bleiben."

Bei der Abschlußfeier dieses Jahrgangs meinte Keden väterlich einigen Jungen gegenüber: „Eigentlich darf ich es nicht dulden, daß ihr hier Zigaretten raucht. Aber Ihr wißt ja, daß Rauchen sogar bei einer Prüfung bedeutungsvoll sein kann." Der Mathematiklehrer stand neben ihm und lächelte dankbar, er ahnte aber nicht, warum alle Anwesenden in ein fröhliches Gelächter ausbrachen.

Rektor Keden versäumte nicht, seinen Schülern gute Ratschläge für den „Ernst des Lebens" zu geben. Einen der Schüler mahnte er: „Clausen, wenn Du mal wieder eine Prüfung machen mußt, dann fang nicht erst 14 Tage vorher an zu arbeiten, beginne schon vier Wochen davor mit der Arbeit."

9. Erfolgreiche Schweinemast

Der Bäcker hatte nicht nur Sinn für technischen Fortschritt, er hat es auch in der Schweinemast zu beachtlichen Erfolgen gebracht. Wir wissen ja, daß er die Abfälle aus Bäckerei und Konditorei zur Fütterung der Schlachttiere verwandte. Das allerdings wahrte er lange Zeit als ein Geheimnis, hatte er doch auch hier schon wieder einen Plan, Interessenten (Opfer!) an der Nase herumzuführen.

Es war bekannt, daß seine Schweine besonders gut gediehen, denn es kam vor, daß man gelegentlich mal einen Blick in den Stall warf, wenn man nebenbei über die erfolgreiche Schweinemast gesprochen hatte. Der Bäcker wußte die Gespräche dieser Art so zu lenken, daß allmäßlich das Interesse geweckt wurde, herauszufinden, wie das Erfolgsrezept aussah. Niemand ahnte, daß die Schweine hier mit Resten von Marzipan, Schlagsahne, Eierkuchen und ähnlichen guten Sachen, vor allem aber auch mit trockenen Brötchen und Broten gefüttert wurden. Es muß aber erwähnt werden, daß nicht nur dieses leckere Zubrot die Schweine so gut gediehen ließ. Es wurde auch Schrot im Übermaß in die Tröge geschüttet.

Den Neidern seiner erfolgreichen Mast deutete er mit betonter Zurückhaltung an, daß er ein Geheimrezept habe, das schon sein Vater angewandt hätte. Schon war wieder die Neugier geweckt, und dieses Pflänzchen wurde gepflegt, hin und wieder begossen, man hörte immer neue Hinweise, aber noch nicht die volle Wahrheit, ja, diese, die Wahrheit, die wurde nie preisgegeben.

Die Zeit des Schlachtens rückte näher, die Schweine waren dick und fest im Fleisch geworden. Nicht zu fett, gerade so, wie man sie sich für den späteren Räucherschinken wünscht.

Noch gedieh auch das Pflänzchen Neugierde, es wuchs fast zu einem Wunderglauben an. Es erreichte in seinem Wachstum den Grad der Unruhe. Unruhige Neugierige war genau das Publikum, das der Bäcker brauchte, um seinen Plan wirkungsvoll auszuführen.

„Willst Du uns nicht endlich verraten, warum Deine Schweine so gut gedeihen?“ wurde er ungeduldig gefragt. Er wollte nicht, noch nicht! Er begoß noch einmal das Pflänzchen, und die Neugierde wuchs besonders bei denen, die selbst Schweine im Stall hatten. Das verschmitzte Lächeln des Bäckers, wenn er von den Neidern bedrängt wurde, verriet seinen ersten Triumpf. Aber die große Stunde sollte noch erst kommen.

Schon glaubte man, das Geheimrezept würde nicht mehr preisgegeben, man war jetzt ganz sicher, daß es ein solches gab, die Schweine des Bäckers waren Beweis genug. Aber man war inzwischen genau so sicher, daß man es nicht erfahren würde. Jedoch darin täuschten sie sich, war des Bäckers Pflanze jetzt doch so erblüht, daß sie gepflückt werden konnte.

Die letzte Hürde für den Bäcker war die, seine Frau für den Plan zu gewinnen, brauchte er doch den großen Wandspiegel aus dem Waschraum. Sie hatte zwar viel Verständnis für die Unternehmungen ihres Mannes, aber diesmal stimmte sie nur widerwillig zu und unter der Bedingung, daß der Spiegel auch wirklich unbeschädigt zurückkomme. Sie wußte wohl, daß ihr Mann vorsichtig war, sie meinte nur: „Du hest jaa allwedder wat vör, nu maak dat man nich to dull!"

Einigen Neugierigen wurde der Vorzug gewährt, dem Füttern der Schweine beizuwohnen. Hier muß erwähnt werden - für den Stallbeobachter noch geheim - daß die Schweine an den zwei Vortagen kein Futter bekommen hatten, damit ihre Freßlust gesteigert würde und sie mit Heißhunger auf den Futtertrog zustürzen würden.

Zu Beginn dieser Vorstellung gab der Bäcker und Mäster eine kleine Konferenz, ehe er die Pforte zum Schweinestall öffnete. Er stand in der Mitte, um ihn herum die Interessenten, die wie eine Gruppe von Verschwörern mit vorgebeugten Köpfen den leise gesprochenen Worten lauschten. Es wurde fast feierlich still. Als der Bäcker den Spiegel hochhob, offenbarte er, daß der das ganze Geheimnis enthalte. Er habe herausgefunden, daß die Schweine auf die Mitesser futterneidisch seien. Um seine Schweine zu täuschen und zu provozieren, halte er ihnen beim Fressen diesen Spiegel vor. Die glaubten dann, daß der vermeintliche Konkurrent ihnen das Futter wegfressen wolle und fraßen mehr als normal, einfache Neidhammelei, bitte!

Das sei der Anfang gewesen. Heute genüge es, wenn die Schweine nur den Spiegel in seiner Hand sähen, um freßwütig zu werden. So sehr sei den Schweinen schon die Angst in die Glieder gefahren, deklamierte der Initiator der Schau.

Die bevorzugten Teilnehmer der Vorführung waren etwas skeptisch geworden, aber die Tatsachen überzeugten sie dann doch von der Bedeutung und Richtigkeit der Prophezeiung. Denn kaum hatte der Bäcker die Stalltür geöffnet und den Spiegel hochgehalten, da stürzten sich die nach der Fastenkur der letzten Tage ausgehungerten Schweine auf die Tröge zu, die mit Futter vollgehäuft wurden. Das war überzeugend! Die Zuschauer, inspiriert von den Argumenten des Vorführers, führten logischerweise den Freßeifer auf den Spiegel zurück. Sie kamen aus dem Staunen nicht heraus, so gierig hatten sie Schweine noch nie fressen gesehen.

Die Zuschauer gingen befriedigt nach Hause und mögen heimlich ähnliche Experimente bei ihren Schweinen angestellt haben. Viel später erzählte einer von ihnen, es war auf dem Jahresfest des Männergesangsvereins, den lauschenden Zuhörern: „Ik hev keen Glück hatt. Mien Schwien hemm nich beter fräten, un ik hev den Speegel noch soveel hen- un herschwungn."

Ein anderer Festteilnehmer fragte listig in die Runde, er sprach mit gedämpfter Stimme: „Schull de Bäcker uns vörlicht wedder maal vernarrt holn hemm?" Kopfschütteln ringsherum, einer wandte ein: „Aaber wi hebbt doch sehn, dat sien Schwiens beter freeten as unse." Ja, das war wohl richtig, aber ein Rest Zweifel blieb doch.

Der einzige Mensch, den der Bäcker in sein Geheimnis einweihte war Tierarzt Petersen, der die Schweine medizinisch betreute. Ihm konnte man das getrost anvertrauen, war er doch selbst ein Freund von Witz und Schelmerei.

10. Der kranke Tierarzt

Tierarzt Petersen und der praktische Arzt Dr. Jessen waren gute Bekannte. Eines Tages gab es zwischen ihnen einen freundschaftlichen Disput darüber, wessen Beruf der schwerere sei, der des Tierarztes oder der des Menschenarztes. Dr. Jessen gab zu bedenken, daß es sich bei seinen Behandlungen um das Leben oder zumindest doch die Gesundheit von Menschen handle, während der Veterinär doch nur mit Tieren zu tun habe. Petersen gab zu bedenken, daß Jessen seine Patienten befragen könne, die Tiere könnten nicht erklären, wo es ihnen wehtäte und welche Beschwerden sie hätten.

Als nach vielen Wochen Tierarzt Petersen Fieber bekam, wurde Dr. Jessen an das Krankenbett gerufen. Frau Petersen informierte ihn kurz über den Krankheitsverlauf, dann ging er zum Patienten und fragte diesen, ob er Schmerzen habe. Die Antwort war ein gequältes „Muh". Der Arzt fühlte den Puls und fragte geduldig weiter, hob den Oberkörper des Patienten umständlich hoch und horchte mit dem Hörrohr die Lunge ab und legte den Patienten vorsichtig wieder in die Waagerechte. Als seine weiteren Fragen immer nur mit dem stereotypen „Muh... muh... muh..." beantwortet wurden, teilte er Frau Petersen, die der Untersuchung beigewohnt hatte, seine Verordnung mit: „Einen Eimer voll lauwarmes Seifenwasser als Klistier. Und wenn das nicht hilft, ab zu Fiete Wulf."

Man wußte, daß Fiete Wulf auch krankes Vieh aufkaufte, das entweder noch für die Freibank verwertet werden konnte oder sonst direkt zur Abdeckerei kam.

Bevor der Arzt das Krankenzimmer verließ, führte er dann doch noch einen versöhnlichen Plausch mit dem maladen Tierarzt.

Diese Geschichte, die Mitte der zwanziger Jahre in Leck passierte, machte schnell die Runde. Sie fand später durch Weitererzählen Verbreitung weit über die Grenzen der damaligen Provinz Schleswig-Holstein hinaus. Mir wurde sie später in Bremen erzählt, als eine Begebenheit, die sich dort zugetragen habe. Das Original aber stammt wohl aus Leck.

11. Namensgebung

Den Witz und die Pfiffigkeit hatte der Bäcker aus seines Vaters Familie, aber auch aus der Familie seiner Mutter geerbt. Der Bruder der Mutter, Lehrer Heinrich Petersen, besaß vorwiegend die Gabe des stillen, hintergründigen Humors. Seinem Vater, wie er auch Bäckermeister, lag mehr die trockene Art des Witzes, der immer auf einen versöhnlichen Scherz hinauslief. Er hieß mit Vornamen Harke, der Volksmund nannte ihn Harke-Bäcker. Von beiden werden wir noch eine köstliche Geschichte erleben.

Zunächst soll hier etwas über die Namensgebungen, die allgemein üblich waren, berichtet werden. Es gab viele Leute, denen von ihren Mitmenschen besondere Benennungen statt ihres Familiennamens gegeben wurden. Diese Mitbürger traten deswegen nicht besonders in Erscheinung, aber die meisten der so Benamten waren auf ihre Art, zumindest im engeren Kreis der Nachbarschaft, Originale, unverwechselbare Dorf-Persönlichkeiten. Es gab - und gibt auch heute noch - viele Beispiele für eine solche Namensgebung - nicht nur in Leck, sondern im weiteren Bereich Nordfrieslands.

So wurde aus dem Schlachter Karl Paulsen der Kalli-Schlachter und als dieser eine Imbißstube eröffnete, Kalli-Schaschlik. Sein Vetter, ebenfalls Karl Paulsen, wurde aus leicht erkannbarem Grunde Kalli-Taxe genannt. Dessen Schwager Heinrich Lorenzen würde kaum jemand unter diesem Namen identifiziert haben, aber als Hein-Schlachter kannte ihn jedes Kind.

Geht man in der Lecker Chronik weiter zurück, stößt man auf Namen wie Fule-Thies oder Tumbe-Lorns, zwei Bezeichnungen, die wahrscheinlich eine leicht abfällige Kritik an den beiden Personen bedeuteten. Fule-Thies, er war gelernter Friseur, mag in seinem ganzen Leben faul (ful) gewesen sein, als älterer Mann wurde er geholt, um männliche Leichen zu rasieren. Tumbe-Lorns (dummer Lorenz) muß eine andere Erklärung haben, denn der kleine bucklige Flickschuster war beileibe kein Dummkopf, sondern reichlich mit Mutterwitz gesegnet. Er blieb keine Antwort schuldig, die manchmal recht bissig sein konnte, warum man sich lieber nicht im Bösen mit ihm einließ. Überliefert ist eine Schusterrechnung, die er dem damaligen Amtsvorsteher Moritzen schrieb, nachdem er die reparierten Schuhe und Stiefel der Familie abgeliefert hatte, da hieß es: „Ihr einen vorn auf die Schnauze gegeben, Ihm einen hinten draufschlagen."

Der spätere Propst Peter Hansen-Petersen stammte aus Leck, sein Vater war der schon erwähnte Tierarzt Petersen. Als Propst wurde er weithin bekannt durch die sonnabendliche Sendung „Das Wort zum Sonntag". Dieser Sendung gab der engagierte Kirchenmann durch seine Eigenwilligkeiten oft ein besonderes Gepräge. Schon als Theologie-Student und bis heute hieß und heißt er im Dorf schlicht Peter-Tierarzt.

In jenen Jahren betrieb der Uhrmacher Heinrich Nissen seinen Werkstatt-Laden am Lecker Marktplatz. Ein Fremder, der aus einem entfernten Dorf kam, um seine Uhr reparieren zu lassen, fand keine Hilfe bei den Dorfbewohnern, die er auf der Straße zufällig traf und wissen wollte, wo Heinrich Nissen wohnte. Da kam ein Lehrer des Weges, blieb bei der Gruppe stehen, die sich um den Hilfesuchenden geschart hatte, und fragte nach dessen Begehr. Ihm kam der rettende Gedanke: „Ach, he meent doch Hein-Klock.“ Dem Fremden war geholfen, und die Einheimischen atmeten auf, war doch die ihnen seltsam erschienene Frage auf so einfache Weise beantwortet: Natürlich, Hein-Klock, den kannte jeder.

Hannes-Madraz hieß der Sattler und Polsterer Johannes Christophersen, der in seinem Ladengeschäft Matratzen verkaufte. „De Klotzenmaaker“ wurde ein Mann genannt, der als Schwerbeschädigter aus dem Ersten Weltkrieg heimgekehrt war und sich in den schweren Jahren nach dem Krieg den Lebensunterhalt für sich und seine Familie mit der Herstellung der damals begehrten einfachen Holzpantinen bestritt. Das war für viele eine Möglichkeit, eine Fußbekleidung zu bekommen, denn Schuhe aus Leder oder auch nur aus Stoff wurden noch nicht wieder fabriziert.

Ein liebenswerter, fröhlicher Zeitgenosse war der Postzusteller Jörgen Jensen. Man nannte ihn „Jörn Breefdräger“. Er fuhr jeden Morgen mit seinem zweirädrigen Postkarren Briefe und Pakete aus. Und mit diesen auch den neuesten Klatsch im Dorf. Wenn er offene Postkarten zu bringen hatte, sagte er oft den Empfängern voraus, was draufstand. So einmal auch: „Du kannst di all freun, dien Vadder kummt to Besök.“ Ja, so beschaulich war es damals in Leck.

Ketel Twist (mit bürgerlichen Namen Ketel Johannsen) hatte einen großen – man kann wohl sagen: führenden – Kaufmannsladen am Marktplatz genau gegenüber von Hein Klock, in dem er neben Kolonialwaren auch Nägel, Schrauben und andere Eisenwaren verkaufte. Seinen Namen mag er bekommen haben, als er, bevor er den umfangreichen Laden einrichtete, mit Kurzwaren, mit Garnen, Nähnadeln und eben auch Twist in die Dörfer fuhr, um den Frauen in diesen abgelegenen Gegenden die wichtigen Utensilien für den Haushalt zu liefern.

Das Ehepaar Anna und Julius Nissen lebte bescheiden und abseits von dem allgemeinen Geschehen, das sich meist auf der Hauptstraße am Marktplatz abspielte. Die beiden hatten ein Häuschen an der Norder-Bergstraße, die von der Bahnhofstraße nach „Osten“ führte. „Der Osten“ war für jeden Lecker eine feste Ortsbezeichnung für den Teil des Dorfes, der mit dem Osterholz die östliche Abgrenzung bildete.

Das Ehepaar Nissen führte ein beschauliches Leben. Er widmete sich als pensionierter Briefträger seinem Garten. Aber er hatte noch eine andere Beschäftigung, die ihm nicht nur eine Aufbesserung der Haushaltskasse gewährte, sondern ihm auch den Ruf einbrachte – gemessen an den Alltäglichkeiten des biederen Bürgerlebens – dem Künstlerischen näher zu sein, als die anderen Lecker: Er konnte Geige spielen. Das Instrument beherrschte er so gut, daß er zum Tanz aufspielen konnte und einigen Bürgersöhnen Geigenunterricht gab. Wenn alte Lecker dies lesen, wissen sie, daß es sich um Jule-Musik handelt. Dieser Name war dem guten alten Julius Nissen vom Volksmund zugesprochen worden.

Seine Frau Anna hatte einen leicht gekrümmten Rücken, sie war ebenfalls fleißig und stets auf einen kleinen Verdienst bedacht. Sie war gelernte Schneiderin, konnte den Beruf nach ihrer Verheiratung und der Geburt der Tochter Dora nicht mehr voll ausführen. So stand sie aber immer noch den Lecker Hausfrauen als Flickenschneiderin zur Verfügung, die Kleider und Anzüge ausbesserte, für Kinder Anzüge nähte, aber gelegentlich auch für Frauen neue Kleider anfertigte. Sie war immer sehr stolz, wenn ihre Arbeit gelobt wurde und die Kleider schon bei der ersten Anprobe gut saßen. Und entsprechend formulierte sie ihre Genugtuung über eine gelungene Arbeit. Sie sagte nicht, daß das Kleid gut passe, sie drückte ihre Zufriedenheit so aus: „Das Kleid hat aber wirklich eine gute Sitzung." Sie sprach es und hatte ihren Namen, und in ganz Leck und in der Umgebung kannte man das bescheidene Ehepaar Nissen nur als „Jule-Musik" und „Anna-Sitzung".

12. Der Affenzirkus

Jetzt soll endlich über Harke-Bäcker berichtet werden. Er konnte schmunzeln, ohne daß er die Lippen zu einem Lächeln formen mußte, das Schmunzeln lag in seinen Augen. Es war das liebenswerte Leuchten in seinem Gesicht, in dem sich ein leichter Hauch von Ironie mit ausgleichender Versöhnlichkeit zum Ausdruck einer fröhlichen Harmonie verbanden. Sein Lächeln wirkte nie verletzend, wenn er sich über die Tolpatschigkeit eines anderen oder auch dessen Übertölperung durch einen Schabernack amüsierte.

Harke-Bäcker bekam, wie schon erwähnt wurde, Besuch von seinem Schwager Heinrich Petersen, der zu der Zeit Lehrer in Fedderingen (Dithmarschen) war. Der war auch kein Freund von Trübsal, er liebte Geselligkeit, herzliche Fröhlichkeit, und er war auch lustigen Streichen nicht abgeneigt.

An diesem Abend feierten die Gastwirte des ganzen Dorfes in Muesfeldts Hotel ihr Jahresvergnügen. Es wurde getanzt, getrunken und gefeiert. An die eigene Gastwirtschaft dachte man bei diesem Fest nicht, hier war man selbst Gast und ließ sich bedienen

Harke-Bäcker machte mit seinem Schwager Heinrich Petersen einen gemütlichen Abendspaziergang durch das Dorf. Als die beiden an Muesfeldts Hotel vorbeikamen, hörten sie das fröhliche Treiben der Gastwirte, das Lärmen drang bis auf die Straße. Harke-Bäcker blieb stehen, lauschte der Musik und dem Stimmengewirr und riskierte einen Blick durch ein offenes Fenster in den Saal. Er schmunzelte und nickte zufrieden mit dem Kopf. Der Schwager schaute ihn gespannt an und er hatte eine richtige Ahnung, als er mit der Frage herauskam: „Naaa, hest Du wat funnen, wat wi hüt Aabend utfreten kunnen? Du maakst jaa sun Gesicht, as wenn daar wat kaamen schull."

„Laat uns man maal naa Kay Petersen, in sien Kroog, he un sien Fru fieern vergnögt, de sünd hier bi dat Fest. In de Gastwirtschaft sünd blots de Lüd, de daar uppassen. Daar wär vörlicht wat to maaken. Kumm, laat uns man henngaahn." (Die Gastwirtschaft von Kay Petersen ist das spätere „Deutsche Haus".)

Beschwingten Schrittes gingen die beiden alten Herren auf der Hauptstraße, vorbei an dem Marktplatz, zu der Gastwirtschaft von Kay Petersen, der an diesem Abend seinen Angestellten die Gastwirtschaft zur getreuen Verwaltung überlassen hatte. Er konnte sich auf seine Leute verlassen, das wußte er. Es waren derer drei, die schon einmal „den Laden geschmissen hatten", als die Wirtsleute nicht zu Hause waren.

Harke-Bäcker und sein Schwager wurden freundlich begrüßt, freuten sich die Angestellten doch, daß der Abend nun nicht langweilig verlaufen würde, denn wo Harke-Bäcker war, war immer was los, weil er stets Humor hatte, wenn auch versteckten, und er freute sich immer auch selbst, wenn er andere zum Lachen brachte. Er würde heute abend auch einige Leute zum Lachen bringen, dachte er bei sich, und da hatte er schon einen Plan für einen Schabernack.

Er stellte seinen Schwager als den Direktor eines Affenzirkus vor. Die drei Bediensteten nickten dem fremdländisch aussehenden Direktor (Heinrich Petersen hatte tatsächlich eine etwas dunkle Hautfarbe) respektvoll zu und fragten in üblicher Weise: „Wat wulln Se denn wull drinken?“ Harke-Bäcker meinte, ein echter friesischer Teepunsch würde auch dem Direktor eines Affenzirkus gut schmecken. Der nickte freundlich-huldvoll dazu. Den beiden schmeckte der Teepunsch sichtbar und hörbar gut. Als Harke-Bäcker in guter Stimmung war, rückte er mit seinem Anliegen heraus.

„Dat is nämlich so, mötn Ih weeten“, begann er seinen Part in diesem Spiel, „de Aapenzirkus kummt hüt noch hier an, um de Lüd möten wat to äten hemm. Kö’nt Ih dat torechtkreegen?“

Ein Freudenschimmer huschte über die Gesichter der Angestellten. Das war doch mal endlich etwas! Ein Affenzirkus in Leck! Das war eine Sensation! Klar würden sie es bewerkstelligen können, eine ausreichende Verpflegung für die Leute vom Zirkus auf den Tisch zu bringen. Für die Affen, so hatte man sie beruhigt, werde Verpflegung mitgeführt, sowohl für die Affen als auch für die Pferde, von denen die Wagen gezogen würden.

Heinrich Petersen mußte aufpassen, daß er nicht unvermutet Plattdeutsch sprach, war das doch die familiäre Umgangssprache bei ihm zu Hause. Aber als Lehrer fiel es ihm nicht schwer, sich einer gepflegten hochdeutschen Ausdrucksweise zu befleißigen.

In der Küche begann ein geschäftiges Treiben, Töpfe wurden aus den Schränken geholt, aus dem Keller wurde ein großer Korb mit Kartoffeln heraufgetragen. Dort unten lagen auch einige Flaschen Wein, die man später holen wollte, denn sicher sollte ein köstliches Getränk eingeschenkt werden. Als das Personal beginnen wollte, Fleisch vorzubereiten, stoppte Harke-Bäkker die übergroße Aktivität und meinte: „Kiek maal, daar sünd twe Neger, een Indiaaner un een Chinees daarbi. Wat de äten, weet ik jaa nich. Töf man leewer mit dat Fleesch.“ Damit wurde ein möglicher Schaden abewendet.

Die Vorbereitungen, soweit man das Personal gewähren ließ, waren in vollem Gange, als es dem Hausmädchen einfiel, daß man doch schon mal im Kleinen Saal eine große Tafel decken konnte, ein großes weißes Tischtuch, Teller, Messer und Gabeln, vielleicht auch Blumen. Das fanden die beiden Gäste in Ordnung.

Tische wurden zusammengerückt, so daß eine lange Tafel entstand. In Ermangelung eines so großen Tischtuches bediente man sich einiger Bettlaken. Dann wurden die Eßbestecke zunächst auf die Mitte des Tisches gelegt, dann wurden die flachen und tiefen und die kleinen Teller für den Nachtisch (denn es sollte doch ein komplettes, abgerundetes Mahl geben) auf dem langen Tisch verteilt.

Vorher hatte es in der Küche einen eifrigen Disput gegeben. Man war sich darüber einig gewesen, daß für diese ungewöhnlichen Gäste das private Silbergeschirr genommen werden mußte. Das reichte aber nur für zwölf Personen, und es würden doch zwanzig Gäste erwartet. So hatte man sich unter dem Druck der Situation und der Gelegenheiten und nicht ganz ohne Belastung des Gewissens entschlossen, auch das schlichte Gaststättengeschirr aufzulegen.

Harke-Bäcker und sein Schwager Heinrich Petersen waren mit dem Erfolg ihres Unternehmens zufrieden. Die gedeckte Tafel genügte ihnen. Weitere Vorbereitungen bremsten sie, indem sie die Angestellten aufforderten, bei ihnen Platz zu nehmen und sich auf Kosten der beiden alten Herren einen Teepunsch einzuschenken. Das hob die Stimmung und man entschloß sich, schon jetzt die volle Saalbeleuchtung einzuschalten. Die vorübergehenden Bürger würden an den hellerleuchteten Fenstern erkennen können, daß hier ein bedeutendes Ereignis bevorstand. Diesen Effekt wollten sie erzielen, so hatten die Angestellten auch ihren kleinen Spaß.

Der Zirkusdirektor fand anerkennende Worte für die schönen Vorbereitungen zum Empfang seiner Truppe. Er gab aber zu bedenken, daß es bis nach Mitternacht dauern könne, bis seine Leute einträfen. Bis dahin freuten sich die Angestellten, würden auch Kay Petersen und seine Frau zurücksein, das jährliche Gastwirtefest dauerte meistens nur bis elf Uhr. Das hatten die beiden Schabernackschen auch gewußt und aus dieser Erkenntnis ihren Plan gemacht. So konnte der ganze Aufwand in Grenzen gehalten werden.

Der Zirkusdirektor gab den Angestellten ein sehr beträchtliches Trinkgeld für ihre Bemühungen und sagte freundlich: „Damit Sie sich noch einige Teepünsche genehmigen können. Der schmeckt ja wirklich köstlich. Das ist wohl Ihr Nationalgetränk hier, was?"

„O ja, wenn jümmer die Leute hier zusammensitzen tun," bemühte man sich im ungewohnten Hochdeutsch dem Direktor klarzumachen, „dann geht es hier jümmer lustig zu. Aber wenn nu nachher Ihre Aapen kommen tun und die bunten Leute dazu, ja verdammi nochmal, was dann? Ob wir denen denn auch nu erstmal einen deftigen Teepunsch geben solln, von wegen, weil die ja doch vielleicht durchgefroren sind vun di Reise im Pferdewagen?"

Der Herr Direktor war großzügig: „Ja, heizen Sie meinen Leuten nur ordentlich ein, die haben es verdient. Die sind alle immer sehr fleißig, genauso wie Sie, die haben einen guten Teepunsch redlich verdient. Ach, wissen Sie, „fügte er hochherzig hinzu, „hier haben Sie noch ein fremdländisches Silberstück, damit Sie sich selbst jetzt erstmal ein paar Teepünsche genehmigen können."

Die beiden Schabernack-Anstifter verließen das gastliche Haus und freuten sich diebisch, weil ihr Abgang mit einer großen Außenbeleuchtung illuminiert wurde. Die sollte ja leuchten, wenn der Zirkus ankommen würde.

Der Zirkus traf aber nicht sobald ein, jedoch Kay Petersen und Frau kehrten vom Fest zurück. Die wunderten sich sehr, als sie schon von weitem die Festbeleuchtung an ihrem Haus sahen.

Sie wurden freudig von ihren Angestellten begrüßt, deren Stimmung vom reichlich genossenen Teepunsch angeheizt war. Kay und seine Frau Magda waren vom Fest auch noch fröhlich gestimmt und fragten leutselig: „Wat schall dat bedüden? Is hier'n Hochtied oder för wat is dat?" „Daar kummt hüt nacht 'n Zirkus naa Leck, un de Lüd wölln bi uns äten. Wi sünd all fix daarbi alln's torech to maaken."

„Wat, een Zirkus, een richtigen Zirkus?" fragte Kay Petersen neugierig, denn wenn es um das Geschäft ging, war er sofort bei der Sache. Den Mantel hatte er abelegt, sein dunkles Jakett über einen Stuhl gehängt und dann krempelte er sich die Hemdärmel hoch, um mitzuhelfen, die Gaststätte empfangsfertig zu machen.

„De Direktor vun'n Aapenzirkus wär persönlich hier!" Kay Petersen stellte gerade die Stühle an die Tafel, plötzlich unterbrach er seine Arbeit, einen Stuhl hielt er gerade in der Hand, als er leicht skeptisch fragte: „Wat seggst Du daar, een Aapenzirkus schall dat sien?"

„Jaa, een richtigen Aapenzirkus... dat hett de Direktor us sülvsten vertellt."

Kay Petersen stellte den Stuhl ab, den er noch in der Hand gehalten hatte, und wollte nun genau wissen: „Wer hett denn den Zirkusdirektor naa uns hier rinbröcht?"

Die Angestellten waren froh, daß sie jetzt Harke-Bäcker, einen angesehenen Bürger des Dorfes, als Zeugen für das ungewöhnliche bevorstehende Ereignis nennen konnten. Und sie fügten, nicht ohne Stolz, hinzu, schon viele Vorbereitungen ganz allein bewerkstelligt zu haben: „Den Direktor vun den Aapenzirkus hett Harke-Bäcker ganz persönlich in unser Hus bröcht."

Kay Petersen setzte sich auf den Stuhl, ließ den Kopf nach vorne sinken und schüttelte ihn langsam und bedächtig. Dann wandte er das Gesicht seinen treu-braven Mitarbeitern zu und fing an, herzhaft und laut zu lachen: „Denn gaaht man to Bett, maak noch'n beten Ordnung hier, de Rest kö'nt ji morgen fröh maaken." Die Angestellten blickten verwirrt. Kay Petersen wollte sie beschwichtigen: „Wenn Harke-Bäcker den Direktor hier innföhrt hett, denn sünd Ji sülvsten de Aaapen!"

Sprach's und ging fröhlich pfeifend schlafen. Das ist mal wieder ein echter Harke-Bäcker gewesen, amüsierte er sich im stillen, bevor er in das selige Reich der Träume entschlummerte.

Als Harke-Bäcker am nächsten Tag mit seinem Schwager Heinrich Petersen in die Gastwirtschaft von Kay Petersen kam, wurde er vom Wirt persönlich begrüßt: „Nu laat uns man erstmaal een ordentlichen Teepunsch up den Aapenzirkus kreegen." Die beiden Gäste brauchten gar nichts mehr zu erklären. Es wurde eine gemütliche Runde.

13. Führerscheinprüfung

Unser Bäcker, also der Sohn von Harke-Bäcker, machte sehr früh seinen Führerschein für Automobile, man kann fast sagen: in der Urzeit der Autos. Das geschah schon vor dem Ersten Weltkrieg, denn in diesem Krieg war er schon als Munitionsfahrer eingesetzt. Als plietscher Bursche, wie wir ihn schon kennen, hatte er natürlich vor der Führerscheinprüfung und eben für diese wiederum einen guten Einfall.

Der Prüfer, Herr Marcussen, war Diplomingenieur bei der Dampfkesselüberwachungsstelle in Altona, der damaligen Provinzhauptstadt. Er mußte für diese Prüfung extra die fast zweihundert Kilometer lange Strecke von Altona nach Leck anreisen.

Der Bäcker nahm sich vor, seinen Prüfer, der die Unbill einer so langen Anreise ertragen mußte, in gebührender Weise zu empfangen. Die Art des Empfangs verlief nach den Formen und Regeln der ihm eigenen Philosophie, die eine undoktrinäre Weisheit des Schabernacks war.

Die Familie Marcussen, muß man wissen, stammte aus dem Kreis Tondern, und die Eltern des Prüfers, hatte unser Bäcker herausgefunden, waren auf dem Friedhof in Leck beerdigt worden. Sein Gespür für nützliche Zusammenhänge und der angeborene Mutterwitz ließen alsbald ein passendes Rezept für die Einleitung der Prüfungszeremonie (wie er sie zu gestalten plante) aus Phantasie und Realitätssinn entwickeln. Er hatte sich einen ganz genauen Plan ausgedacht.

Für die Vorbereitung seines Unternehmens mußte er auf den Lecker Friedhof gehen. Hier konnte er in aller Ruhe und Beschaulichkeit die Gräber der Eltern des Prüfers aufsuchen und mit Muße die Daten auf den Grabtafeln studieren, um sie sicherheitshalber auf einem kleinen Zettel zu notieren. Dieses zur Vorsicht für den Fall, daß man die Daten vergessen könnte, bevor man sie auswendig herzusagen imstande war. Denn bis zum Eintreffen des Prüfers mußte alles sicher im Gedächtnis verhaftet sein.

An den letzten beiden Tagen vor der Prüfung trug er den Zettel mit den Lebensdaten der Eltern des Prüfers bei sich: Geburtsname der Mutter, Geburtsdatum und den Sterbetag, die genauen Daten auch von Vater Marcussen.

So begab sich der gewitzte Bäcker, wohlgerüstet mit einigen Kenntnissen im Autofahren und mit den gespeicherten Familiendaten, zur Prüfung. Er hatte sich vorgenommen, seine Trümpfe wohldosiert und immer zur rechten Zeit auszuspielen.

Herr Marcussen begrüßte seinen Prüfling freundlich-jovial: „Sie brauchen nicht aufgeregt zu sein. Ich will nur sehen, wie sie mit den Kraftfahrzeug fertigwerden. Denn geübt haben sie wohl schon genug, wie?" Er lächelte und fügte noch hinzu, daß sie doch beide noch lange leben wollten und nicht im Straßengraben enden möchten.

Das war gerade das richtige Stichwort für Bäcker Harksen. Fast feierlich gab er zu bedenken: „Aber ob wir das hohe Alter Ihrer Frau Mutter erreichen werden? Sie ist fast neunzig Jahre alt geworden." Marcussen machte ein verdutztes Gesicht: „Sie wissen, wie alt meine Mutter geworden ist?"

Jetzt gab der Prüfling noch den genauen Geburtstag und das Sterbedatum an, er fügte sogar noch den Namen des Geburtsortes hinzu.

„Jetzt bin ich aber sprachlos," sagte Marcussen, „woher wissen Sie das, Herr Harksen?"

„Ihre Familie ist hier nicht unbekannt, Herr Marcussen. Und man weiß auch, daß Sie ein Kind unserer geliebten Heimat sind. Ich darf sogar sagen, daß man hier stolz darauf ist, daß ein Mann unserer Heimat die Führerscheinprüfungen abnimmt und ein hohes Amt in Altona bekleidet." Marcussen war über dieses offene Bekenntnis ganz gerührt und fragte, fast verlegen: „Wie ist so etwas nur möglich?"

„Och..," sagte der Bäcker gedehnt, „die Namen von berühmten Leuten aus unserer Heimat werden hoch in Ehren gehalten."

„Lassen Sie uns jetzt zur Prüfung schreiten," wechselte Marcussen das Thema. Aber der Bäcker merkte mit dem feinen Instinkt für die Neugierde seiner Mitmenschen, daß Herr Marcussen mehr wissen möchte, war doch gerade dieses Gespür für die Ungeduld seines Gesprächspartners eine wesentliche Voraussetzung für das Gelingen des Plans.

Die beiden, der Prüfer und der Prüfling, gingen zum Auto. Plötzlich blieb Herr Marcussen stehen, der Prüfling folgte seinem Beispiel und blieb auch stehen.

„Sagen Sie mal," fragte Marcussen nachdenklich, „wie kommt es, daß meine Familie hier noch so bekannt ist, sie ist doch lange Jahre schon nicht mehr hier ansässig?"

Der Bäcker parierte in gedämpftem Ton: „Ihre Eltern sind auf dem Lecker Friedhof beerdigt, und es ist bei uns Hiesigen nun mal so, daß wir ein starkes Heimatgefühl und einen ausgeprägten Familiensinn haben. Ja, wir sind hier eine große Familie, alle gehören dazu, die hier einmal geboren wurden und die hier begraben sind. Wir vergessen keinen, auch wenn er schon tot ist. So gehören auch Ihre Eltern noch zu der Lecker Familie mit denen, die hier heute leben."

Marcussen war sichtlich gerührt ob dieser Eröffnung seines Prüflings. Er blieb vor dem Auto stehen, legte die Hand auf die Schulter des Prüflings und sagte im gütigem Ton: „Sie sind bestimmt schon viele Kilometer mit dem Auto gefahren während der Vorbereitungszeit. Sie beherrschen sicherlich alle notwendigen Handgriffe für das Führen eines Automobils. Ihr Fahrlehrer, Herr Christophersen hat mir auch berichtet, daß Sie völlig einwandfrei Autofahren können."

Des Bäckers Atem ging schwer, aber nicht vor Rührung, sondern weil jetzt der Augenblick gekommen war, in dem er seinen entscheidenden Trumpf ausspielen konnte: „Oh ja, Herr Marcussen, ich habe fleißig geübt, ich bin schon viele Kilometer mit dem Fahrlehrer unterwegs gewesen. Ich will mich doch nicht vor einem großen Sohn unserer Heimat blamieren. Ich bin ganz sicher, daß ich die Prüfung bestehen werde."

Marcussen hatte die Hand noch auf der Schulter seines Prüflings liegen, er blickte ihm tief in die Augen und sagte mit belegter Stimme: „Herr Harksen, Sie haben die Prüfung schon bestanden. Von Herrn Christophersen weiß ich ja schon, daß Sie alle Handgriffe gut beherrschen. Und jetzt bitte ich Sie, uns zu einer gemütlichen Gastwirtschaft zu fahren, wo Sie noch für eine Weile mein Gast sein können. Da möchte ich von Ihnen noch gern recht viel über unsere schöne Heimat und über die Menschen dieser Landschaft hören. Und jetzt sehe ich dann ja auch, wie Sie fahren können."

Es wurden besinnliche Stunden, die der Bäcker mit vielen Geschichten würzte. Herr Marcussen fuhr zufrieden von dannen und der Bäcker hatte seinen Führerschein.

14. Der „Pharisäer"

Eines Tages kam der Schwiegervater unseres Bäckers zu Besuch nach Leck, Anton Jürgensen aus Albersdorf in Dithmarschen, wo er eine Gärtnerei betrieb. Im Sommer hatte er in seinem Hause, Pension Flora, einige Zimmer hergerichtet für Gäste, die in dem Luftkurort Erholung suchten. Er war aber kein gebürtiger Albersdorfer, er stammte von der Insel Nordstrand, die im friesischen Wattenmeer der heutigen Kreisstadt Husum vorgelagert ist. Die Insel ist auch die Geburtsstätte der bekannten und berüchtigten Kaffespezialität „Pharisäer".

Dieses - man kann wohl sagen - tückische Getränk gehört auch zu den nordfriesischen Originalitäten, ist es doch ein Produkt des spitzbübischen Witzes nordstrandischer Bauern. Den Namen gab diesem Getränk höchstselbst der Pastor persönlich.

Der „Pharisäer" wurde bei einer Tauffeier auf Nordstrand aus der Taufe gehoben, natürlich erst, nachdem das Kind schon getauft worden war.

Und das kam so: Der Herr Pastor, der üblicherweise nach dem feierlichen Akt im Kreise der Gäste, die zur Taufe geladen waren, verweilte, war auf Grund innerer, vielleicht auch religiöser Überzeugung gegen den Genuß von Alkohol. Es hielt sich aber auch das Gerücht, der Pastor habe bei früheren Feiern mit trinkfesten Nordfriesen seines ehemaligen Pfarrbezirks auf dem Festland höchst unliebsame Erfahrungen gemacht. Ja, man wollte sogar wissen, daß er nach einem ausgedehnten Trinkgelage von der vorgesetzten Kirchenbehörde „wegen Trunksucht" strafversetzt worden sei. Das konnte aber niemand schlüssig beweisen. Und wenn es so gewesen wäre, war des Pastors abstinentes Leben auf Nordstrand doch recht zu loben.

Die Nordstrander Bauern wollten aber selbstverständlich bei der Tauffeier nicht auf ihren Punsch verzichten, wenn auch der geistliche Herr anwesend war. Und sie fanden - oder: erfanden - eine ganz simple Lösung des heiklen Problems.

Wegen der Anwesenheit des Pastors wurde nur Kaffee ausgeschenkt. Aber die Nordstrander hätten nicht die listigen Insulaner sein dürfen, um keinen Ausweg aus der schwierigen Lage zu finden. Die Frauen, die in der Küche Essen und Trinken bereiteten, es waren Nachbarsfrauen dabei, die hier halfen, bekamen klare Instruktionen, und sie machten gern den Spaß mit, freuten sie sich doch über die gute Laune ihrer Männer. Das Rezept war ganz einfach: Es wurde in alle Tassen der gebraute Kaffee gegossen, dem Pastor etwas mehr. In die Tassen der anderen Gäste wurde ein gehöriger Schuß Rum dazugegeben. Damit nun aber das Getränk sich nicht selbst verriet, mußte es mit einer großen Haube Schlagsahne abgedeckt werden, so wurde der Duft des Alkohols versteckt.

Der Pastor trank seinen Kaffee. Er saß zufrieden in der Runde, die Hände über dem Bauch gefaltet, freundlich nach allen Seiten blickend, konnte er doch als Seelsorger der Gemeinde mit der Tugendhaftigkeit und Bravheit seiner Schäfchen zufrieden sein. Er bedachte aber nicht, daß es unter den Schafen auch Böcke gibt, die harte Schädel haben und mit ihren Hörnern Widerstände gegen die Gewohnheiten ihres normalen Lebens aus dem Weg boxten.

Bei der Tauffeier waren die Böcke in der Überzahl, sie fühlten sich wohl und sie waren sicher, daß der Pastor nichts merken konnte, weil sie das vom Teufel gebraute Getränk mit einer hohen Haube Schlagsahne hatten tarnen lasen, ja, ihre Frauen waren in Ordnung, die machten eifrig mit.

Die Taufgesellschaft wurde lustig und immer lustiger. Man traute sich sogar, deftige Witze zu erzählen, die der Pastor mit verzeihendem Schmunzeln duldete. Er war mittlerweile auch in eine fröhliche Stimmung gekommen, weil er durch den reichlichen Genuß in eine Art Kaffeerausch geraten war, wenngleich er auch klarer denken konnte als seine inzwischen alkoholberauschten „Schäflein". Das wurde ihm aber erst so recht bewußt, als das Schlimme geschah.

In der Küche waren in der Aufregung Tassen vertauscht worden. So geschah es, daß der Pastor versehentlich eine Tasse des satanischen Getränks bekam mit Kaffee, Sahne und Rum. Er nahm einen kräftigen Schluck, schmeckte den Rum heraus, zuckte mit den Nasenflügeln und schnupperte an dem Getränk, die Gäste merkten, daß etwas nicht in der Ordnung war, und sie ahnten den Grund. Sie hielten vor dem nächsten Schluck inne. Sie stellten langsam, fast andächtig ihre Tassen ab, und blickten demütig zum Pastor hin. Der aber erhob sich von seinem Stuhl und brach in die biblisch fundierte, in Nordfriesland schon historisch gewordene Verwünschung aus: „Ooh, Ihr Pharisäer!" So kam bei einer christlichen Tauffeier das unchristliche Getränk zu seinem Namen.

Von dieser Insel stammte der Schwiegervater des Bäckers. Ihm haftete etwas von dieser humorigen Gerissenheit und dem Erfindungsgeist der Paten des „Pharisäer" an, das sollte sich bald zeigen. Er wollte nicht hinter dem Schwiegervater seiner Tochter, Harke-Bäcker, zurückstehen und ließ sich dann auch von diesem überreden, eine lustige Geschichte zu erzählen.

Opa Jürgensen zog an seiner langen Pfeife, die bis zum Fußboden reichte und die er auch auf Reisen mit sich führte, paffte ein paarmal, damit die Glut im Pfeifenkopf nicht erlosch, und begann in seiner gemütlichen, genüßlichruhigen Art: „Jaa, denn mut ick man wat vun den Kanaal vertelln." Der Kaiser-Wilhelm-Kanal war gemeint, er verbindet quer durch Schleswig-Holstein die Nordsee von Brunsbüttel mit der Ostsee in Kiel-Holtenau. Der Namensgeber war Kaiser Wilhelm, der den Kanal am 21. Juni 1895 offiziell eröffnete. Heute trägt diese künstliche Wasserstraße den Namen Nord-Ostsee-Kanal, international wird er als Kiel-Canal bezeichnet, für die Bewohner im Umland ist es einfach nur „Der Kanal".

Anton Jürgensen hatte die Eröffnungsfeierlichkeiten für den Kanal miterlebt. Er erzählte spannende Geschichten von den Gästen, die aus vielen Teilen der Erde zu dem großen Ereignis nach Schleswig-Holstein gekommen waren.

Das zaristische Rußland hatte Würdensträger entsand, die in ihren buntschillernden Gewändern die Bürger von Albersdorf in Erstaunen versetzt hatten. Sie übernachteten in einem Albersdorfer Gasthaus, deren Zimmer mit großem Aufwand für sie hergerichtet worden waren, ihre Dienerschaft aber mußte vor den Stubentüren auf dem Fußboden schlafen.

War das schon ein ungewöhnliches, ja unglaubliches Geschehen, das er selbst erlebt und gesehen hatte, so wußte man vom Hörensagen noch viel schlimmere Geschichten.

Da war auf einem Schiff, er hatte Gäste aus arabischen Ländern gebracht, ein Mensch geopfert worden, ein lebendiger Mensch, betonte der Erzähler, und damit wollte man die bösen Geister vom Kanal fernhalten. Aber das waren ja auch Menschen mit einem anderen Glauben, beeilte sich Anton die Zweifler unter seinen Zuhörern zu überzeugen.

Von einem Schiff aus Südamerika war ein Mann über Bord gesprungen und hatte an Land Unterschlupf gefunden. Es soll der Sohn eines steinreichen Viehzüchters gewesen sein, der schon von seinem Elternhaus an Bord des Schiffes geflohen war. Aber sicher sei – so berichtete der Erzähler –, daß dieser Deserteur später eine Bauerntochter aus der Gegend von Husum geheiratet habe und eine glückliche Ehe führte.

Anton Jürgensen fiel keine spannende Geschichte mehr ein, da kam ihm aber noch zu guter letzt die Geschichte von dem Schiff der Türken in den Sinn. Man muß wissen, daß bei der Einweihung des Kanals die Schiffe aus den verschiedenen Ländern jeweils mit ihrer Nationalhymne begrüßt wurden, die eine große Blaskapelle intonierte, welche extra für die Feierlichkeiten aus Hamburg geholt worden war. Die Kapelle besaß die Noten von allen Nationalhymnen, und es klappte alles sehr gut, bis, ja bis das Schiff der Türkei einfahren sollte. Der Dirigent kam ins Schleudern, weil die Noten für die türkische Nationalhymne nicht gefunden wurden. Das Schiff war schon über die Schleuse hinaus in die Fahrrinne des Kanals gelangt, und immer noch ertönte keine Musik, weil die türkische Nationalhymne unbekannt war. In seiner Aufregung war der Dirigent einen scheuen Blick auf das näherkommende Schiff, Schweißperlen bedeckten seine Stirn, eine Katastrophe!

Was sollte bloß werden, wie konnte man sich helfen, es schien keine Rettung in Sicht. Doch da kam der rettende Gedanke. Noch einmal blickte er angstgeplagt zum Schiff, das mit stolz im Winde wehender Fahne schon fast auf der Höhe der Kapelle war. Der Kapellmeister erspähte den Halbmond auf der türkischen Flagge und ließ kurzentschlossen seine Musiker das schöne deutsche Volkslied „Guter Mond, du gehst so stille...“ spielen.

Man beredete noch lange die erstaunlichen Geschichten und fand, daß es in der weiten Welt doch viele wunderliche Dinge gibt, von denen man nur selten etwas erfährt. Anton schmunzelte zum Schluß: „Jaa, lögenhaft to verteIln, aaber so sünd Geschichten eben.“

15. Vorsicht bei Glatteis

Der „Lecker Anzeiger" war in den zwanziger Jahren die einzige Zeitung in Nordfriesland und Mittelschleswig, er hatte eine Auflage von einigen tausend Exemplaren. Als Heimatzeitung brachte er die interessantesten Lokalnachrichten. In ihrem Nachrichtenteil erschienen in der Zeitung nicht nur Familienanzeigen, sondern auch Mitteilungen über Ankäufe und Verkäufe, Stellengesuche und -angebote. Man konnte hier erfahren, wann Winters Kunstfigurentheater aus Klintum, das die ganze Provinz Schleswig-Holstein bereiste, die nächste Vorstellung gab oder etwa, wann der Gemischte Chor unter Leitung von Lehrer Hein ein Konzert veranstaltete. Wenn man den „Lecker Anzeiger" abonniert hatte, wußte man über alles Bescheid, was sich an großen und kleinen Dingen ereignet hatte und was noch bevorstand.

Der Verleger Franz Herrmann hatte durch dieses Pressemonopol - wie man es heute nennen würde - eine beherrschende Position im damaligen gesellschaftlichen Gefüge. Aber, das muß zu seinem Lob gesagt werden, er hat diese seine „Machtstellung" nie zu seinem Vorteil und gegen die Interessen anderer ausgenützt. Auch gab es zu jener Zeit keinen verantwortungslosen Journalismus, der freierfundene, von der Wahrheit abweichende, „Boshaftigkeiten" verbreitete oder gar Menschen gegeneinander aufhetzte.

Aber Franz Herrmann war einer, der zur Zunft der Spaßvögel gehörte, er machte gern einen Spaß mit oder veranstaltete auch selbst mal einen Schabernack. Als z.B. der Apotheker, von dem schon die Rede war, seiner späteren Frau Betty Petersen, der Tochter des ehrwürdigen Sanitätsrats Dr. Petersen, zum Geburtstag gratulieren wollte, war Franz Herrmann gleich bereit, eine entsprechende Gratulationsanzeige für einige Exemplare seiner Zeitung aufzunehmen. Die Anzeige erschien nur in fünf Exemplaren. Diese wurden gezielt im Haus des Geburtstagskindes verteilt. In der Gesamtauflage erschien natürlich eine Ersatzanzeige, die nichts mit dem Geburtstag zu tun hatte. Als die Ausgabe in der Wohnung des Sanitätsrats aufgeschlagen wurde, gab es ein großes Hallo - Betty genierte sich - bis schließlich der Apotheker mit einem großen Blumenstrauß aufkreuzte und die Angelegenheit klarstellte.

Franz Herrmann unternahm auch eigene Schelmenstreiche. Im Winter des Jahres 1929, der besonders hart war und Glätte auf Straßen und Fußsteigen verursachte, hatte der LA-Verleger wieder mal einen seiner witzigen Einfälle. Er lächelte still vor sich hin, als er an die Auswirkungen dachte, die eine von ihm geplante Notiz seines Blattes haben würde. Am nächsten Tag brachte der „Lecker Anzeiger" eine Warnung, mit drei dicken Ausrufungszeichen! Es wurde vor der Glätte gewarnt. Aber das allein wäre ja noch keine Neuigkeit gewesen, nein, sie war ja letztlich zum Schutz der Leser aus einem tiefen Verantwortungsgefühl erwachsen, natürlich!

In der von Franz Herrmann eigenhändig verfaßten Notiz war zu lesen, daß man sich bei der bestehenden Glätte auf den Gehsteigen mit einer ganz einfachen Vorsichtsmaßnahme schützen könnte, um nicht auszurutschen und wohlmöglich schwer zu stürzen. Man brauche nur, so verriet die Notiz, beim

Gehen die Fußspitzen nach innen zu wenden und schon sei die Gefahr eines Sturzes wesentlich verringert. Eine hundertprozentige Garantie jedoch konnte er natürlich nicht geben, klar!

Wörtlich stand in der Zeitung: „Bei der gegenwärtig herrschenden Glätte auf den Fußsteigen ist besondere Vorsicht geboten. Darum wollen wir unseren Lesern die wichtige Erkenntnis eines weltberühmten Professors aus Indien, dessen Name Regiezna Rekkel ist, nicht vorenthalten. Der Professor hat nach langwierigen Forschungen herausgefunden, daß die Ausrutschgefahr für Fußgänger sich um 75 Prozent vermindert, wenn sie bei glatten Straßenverhältnissen während des Gehens ihre Fußspitzen nach innen gewendet halten, statt wie gewöhnlich, wenn man sie nach außen richtet."

Franz Herrmann ließ es nicht bei dieser Mitteilung, er wollte seinen „klugen Ratschlag" auch weidlich genießen. Er setzte sich also am Nachmittag des Erscheinungstages seiner Zeitung in das Central-Hotel, das seinem Schwiegervater Christian Böller gehörte, um die Passanten zu beobachten, die an diesem Tag über die glatten Bürgersteige der Hauptstraße direkt am Central-Hotel vorbeigehen mußten. Er saß hinter der Gardine des großen Fensters und registrierte seinen Erfolg. Vor allem die Damen folgten der Empfehlung des indischen Professors. Sie gingen langsam, die Fußspitzen nach innen gerichtet, über den blanken Parcours und vermieden durch die sorgfältige Beachtung des Ratschlags vom „Lecker Anzeiger" einen Hinfall - aber ein Reinfall war es auch nicht für sie. Franz Herrmann rieb sich die Hände ob seines gelungenen Schabernacks. Aber als er die ehrwürdige Frau von Propst Nissen in gleicher Weise des Weges kommen sah, schlug ihm doch das Gewissen. Er ging hinaus, um sie vor der Schmach seines Witzes zu bewahren. Jedoch die greise Dame ließ ihn gar nicht zu Wort kommen. Im Gegenteil, sie bedankte sich bei Herrmann für die gütige Hilfe seinen Nächsten gegenüber.

Was Franz Herrmann danach tat, darüber gibt es verschiedene Darstellungen. Die wahrscheinlichste scheint die zu sein, daß er sich mit seinem Schwiegervater, der ihm zum Erfolg gratulierte, einen kleinen Haarbeutel angetüdelt hat, was in der Landessprache besagt, daß die beiden sich einen ordentlichen zur Brust genommen haben, oder im Wortlaut objektiver Berichterstattung: Sie haben sich leicht betrunken aus Freude über den gelungenen Schabernack.

Von einem guten Freund, dem Franz Herrmann sich anvertraut hatte, weiß ich, daß er sich wohl überlegt hatte: Wenn die Leute wirklich nach diesem Rezept mit den Fußspitzen nach innen gehen, gehen sie erstmal langsamer und zweitens blicken sie unentwegt auf die Füße, wobei sie rechtzeitig eine besonders glatte Stelle erkennen. So werden sie tatsächlich zur Vorsicht gemahnt. Dem guten Verleger war also klar gewesen, daß er auf jeden Fall mit seinem Zeitungsvorschlag Unfällen vorbeugen konnte.

Das war ihm wichtig gewesen. Und außerdem hätten gewitzte Zeitungsleser entdecken können, daß der Name des indischen Professors von hinten nach vorne gelesen das Wort „Lecker Anzeiger" ergeben hätte. Franz Herrmann hatte also jeden die versteckte Chance gegeben, sich vor dem Reinfall zu bewahren.

16. Der schnellere Weg

In Stedesand lebte ein Mann, der sich darauf verstand, aus kleinen Begebenheiten des Alltags lustige und spannende Geschichten zu machen, die er dann beim Kartenspiel am Abend zum besten gab. Man kannte ihn nur unter dem Ökelnamen Manje-Schoster. Wenn Manje-Schoster die Stube des Kartenklubs betrat, wurde er gleich mit fröhlicher Aufforderung begrüßt: „Na, Manje, hest Du een nüen Spaaß mitbröcht?" Er unterhielt, natürlich nur soweit es der Ernst des Spiels erlaubte, seine Mitspieler den ganzen Abend mit Witzen und schnurigen Geschichten. Er scheute sich dabei keineswegs, sich selbst zu verulken oder auch mal seine Frau als Objekt des Witzes zu wählen.

Manje war ein leidenschaftlicher Ringreiter, und beim Ringreiten im Nachbardorf Sande hatte er sich, hoch zu Roß, manchen Preis erstritten, einmal sogar die Königswürde. Als wieder mal ein Ringreiterfest bevorstand, wußte Manje zu berichten, daß seine Frau diesmal mitmachen würde. Seine Zuhörer wurden neugierig, war es doch nicht üblich, daß Frauen sich an diesem Reitsport beteiligten. Manje wußte die Neugier zu steigern, indem er wie abwesend leise vor sich hinsprach: „Nu laat mi erstmaal in Ruh. Ick eff jüst een godes Blatt in'e Hann."

Er spielte in aller Ruhe weiter, und genoß dabei die innere (spürbare) Spannung seiner Mitspieler, die nun ganz genau wissen wollten, was es mit der ungewöhnlichen und erstaunlichen Ambition seiner Frau für das Ringreiten auf sich habe.

Aber er ließ die Neugierigen noch eine Weile zappeln, versäumte jedoch nicht, zwischendurch die Spannung mit lässig hingeworfenen Ansichten über das Ringreiten im allgemeinen und die Siegeschancen seiner Frau im besonderen zu steigern. Seine Frau habe bereits einen guten Beweis ihres vorzüglichen reiterlichen Könnens geliefert.

Das war nun der Höhepunkt von Manjes spannungsgeladener Schweigsamkeit. Jetzt wurde er heftig bedrängt, endlich zu erzählen, man ließ ihm keine Ruhe mehr. Und er wollte ja auch berichten, was geschehen war. Er hatte es aber keineswegs eilig mit seiner Erzählung. Er begann langsam, fast bedächtig und holte weit aus, bevor er zum eigentlichen Thema kam.

„Ih weet jaa al, wat Ringreiten is, dat is jaa eegentlich reine Männersaak." Nun ja, daß Ringreiten eine ureigene Domäne der Männerwelt war, konnte niemand leugnen. Und was seine Frau betreffe, erläuterte Manje gemächlich mit langen Pausen und in seiner typischen nachlässigen Sprechweise, so habe sie ja doch einen beachtlichen Beweis dafür erbracht, daß auch Frauen Fähigkeiten auf diesem Sportsektor entwickeln können und daß seine Frau auch willens sei, in das traditionelle Männerreservat einzudringen.

„Das war nämlich so," sprach er dann Hochdeutsch, um der Geschichte den Rang eines allgemeinen Interesse zu geben, „das fing alles damit an, daß meine Frau neulich gerade beim Wäscheaufhängen im Garten war... Es war gerade schönes Sonnenscheinwetter, genau das Wetter für Wäschetrocknen... bei schlechtem Wetter trocknet sie auf dem Boden oder auch mal im Keller, da aber nur die kleinen Wäschestücke. Na ja... was wollte ich nun sagen? Ja, sie war also beim Aufhängen der Wäsche im Garten zugange. Und wie sie so ihre Arbeit macht, da wandert ihr Blick über unsre Felder. Als sie dahinten unsre Pferde sieht, da freut sie sich so richtig über die schönen Tiere... ja, unsre Stute soll ja bald fohlen, so in drei Wochen ist es wohl so weit. Die hat sich gut gemacht, die Stute, die habe ich annerletztes Jahr in Leck von Marius Petersen gekauft... nun ja, da sieht sie so die Pferde und freut sich bei dem Anblick. Und so guckt sie hierhin und dahin, weil das Wäscheaufhängen von selbst geht, da braucht man nicht hinzusehen. Sie träumt dabei wohl auch ein büschen vor sich hin. Und da mit einmal, da sieht sie, daß bei den Kälbern was los ist, die ich draußen in Gras habe.

Sie ist sofort ganz da, hat die Träume weggeschüttelt und guckt dann erstmal genau hin, und richtig, da hat sich doch tatsächlich das Bullkalb im Wierdraht verheddert. Vor Schreck fallen ihr meine frischgewaschenen Unnerbüxen aus der Hand... War nicht schlimm, die können ja kurz nachgespült werden... und die waren ja auch nur auf den Rasen gefallen, das macht da ja nicht soviel Schiet. Aber daran kann man ja sehen, was für einen Schreck sie gekriegt hat, als sie das Bullkalb im Wierdraht sah und darin ganz verheddert... da ist sie schnell hingelaufen... denn das Bullkalb sollte nicht zu Schaden kommen und sich wohlmöglich im Draht selbst aufhängen. Meine Frau fängt auch gleich an, das arme Kalb zu befreien. Das war gar nicht so einfach, das war ein dolles Stück Arbeit, denn das Kalb hatte sich schon ein paarmal gedreht, und der Draht hatte sich um Kopf und Beine geschlungen... n' böses Stück Arbeit war das für meine Frau... ja, und das mit Ringreiten, das kommt auch noch. Glaub man nicht, daß ich nicht daran denke, warum ich die Geschichte erzähle, das kommt noch. Paß auf...

Mit viel Geschick und Anstrengung gelingt es meiner Frau, das Bullkalb aus dem Drahtknäuel zu befreien. Als es dann soweit ist, stehn beide dösig da und gucken sich gegenseitig an und wissen nicht, was passieren soll... und da ist es denn passiert... meine Frau steht in ihrem langen Arbeitskleid und eine lange Küchenschürze hatte sie auch noch vor... das Bullkalb ist von dem Anblick wohl ganz verbiestert und weiß nicht weiter... dann merkt es richtig, daß es frei ist von dem Wierdraht und schießt los mitten in den Rock von meiner Frau, kommt nicht zwischen den Beinen durch, klar. Aber das Bullkalb in seiner wilden Angst rennt los... ja, das muß man sich mal vorstelln, das Bullkalb hat meine Frau auf die Hörner genommen, wie man so sagt und rennt los, meine Frau sitzt nun verkehrt herum, ich mein mit dem Gesicht nach hinten auf dem Tier und versucht, sich festzuklammern. Da komm ich grade aus dem Haus und sehe die ganze Bescherung... meine Frau hat Panik und schreit lauthals. Ich versuche das Kalb aufzuhalten, das geht aber nicht so leicht. Dann rufe ich das Kalb laut, und als es meine Stimme hört, bleibt es ruhig stehen, ich halte es fest und kriege meine Frau erstmal runtergeholt. Die fing gleich an zu weinen, der Schreck saß ihr noch in den Knochen, kann man ja verstehen, nich?

Ich tröste sie und schlage vor: „Dat nächste Maal kans Du mit to'n Ringrieden kaamen." Da lachte sie dann wieder und meinte: „Wenn Du dat weetn wills, denn glöv man, dat ick dat nächste Maal mit to'n Ringrieden gaah."

„So, jetzt wißt ihr die Geschichte vom ersten Reitversuch meiner Frau. Er fügte noch hinzu: „Un dat nächst Maal is mien Fru bei dat Ringrieden"

Diese Geschichte wurde mit großer Heiterkeit aufgenommen. Man saß dann nach dem Kartenspiel noch eine Weile beisammen, trank einige Teepünsche und schmückte die Geschichte von Manje-Schosters Frau noch weiter aus und überlegte sich, was alles noch hätte passieren können, wenn Manje nicht gerade aus dem Haus gekommen wäre. Die Geschichte wurde immer umfangreicher und machte in dieser Form an den nächsten Tagen die Runde durch das Dorf, von Haus zu Haus.

Bei Manje-Schoster wußte man nie genau, wo die Wahrheit aufhörte und wo die Phantasie anfing. Als seine Frau einmal den geräucherten Schinken vom Boden herunterholte und auf der Treppe ausrutschte, berichtete er listig: „Mien Fru is up dee Schinken de Trepp runnersust." Er überließ es den Zuhörern, das Bild auszumalen.

Wie Manje-Schoster mit Witz und mutiger Entschlossenheit eine Wette gewann, erzählt man sich noch heute in Nordfriesland. Er hatte schon einige Stunden „Up de Knopp", das war eine Gastwirtschaft, mit einigen Bekannten geklöhnt und dabei einige Teepünsche getrunken. Der „Geele Köm" von Herm. G. D. aus Flensburg, mit dem der echte „frasche Teepunsch" (friesischer Teepunsch) zubereitet wurde (und heute noch wird) hatte die Stimmung schon beträchtlich hochgetrieben. Man unterhielt sich gemütlich über Alltägliches.

Als Manje plötzlich mit der flachen Hand auf den Tisch schlug, verstummte das Gespräch und alle blickten voller Neugier auf ihn, denn das war klar, er wollte etwas Witziges zum Besten geben. Er schaute aus schmalen Augen mit listigem Blick in die Runde, blinzelte jeden einzeln an, und verkündete, daß der nächste Teepunsch in Lindholm, in der Bahnhofsgaststätte getrunken werden solle.

Da erst brach ein lautes Gelächter aus, das konnte ja nur ein Witz sein, wenn man auch nicht gleich verstand, was dahinter steckte.

Denn immerhin, von Stedesand bis Lindholm sind es viele Kilometer, und man saß doch gerade so gemütlich beisammen, warum also sollte die Unruhe eines Aufbruchs die fröhliche Stimmung zerstören. Aber Manje ließ nicht lokker, er hatte es ernst gemeint, das wurde den anderen allmählich bewußt, und man wartete gespannt auf seine nächsten Worte.

Dann kam Manje-Schoster mit seinem Plan heraus. Er schlug vor, daß alle in der Runde eine Wette abschlössen: Wer von ihnen zuerst in Lindholm sein würde, solle der Gewinner sein und von den anderen zusammen hundert Mark als Gewinn erhalten. Jeder solle versuchen, die beste Möglichkeit zu finden, wie er am schnellsten nach Lindholm kommen könnte. Da kamen die anderen auf den Geschmack, man könnte zum Beispiel nach Hause gehen, ein Pferd vor den Wagen spannen und nach Lindholm kutschieren.

In diese Überlegungen platzte Manje mit der Ankündigung, daß er sich zunächst mal zu Fuß auf den Weg machen wolle und zwar so, wie er da saß, in Holzklotzen. Alle witterten eine Falle, aber als der Anstifter der Wette auf die Uhr blickte (und auch das hatte einen wichtigen Grund!) und kurz entschlossen vorschlug: „In fief Minuten gaaht wi los, jedeen as he meent, wi he am gauesten naah Lindholm kummt.“ Er stand nach fünf Minuten auf, sagte kurz „Tschüs“ und ging zur Tür hinaus. Die anderen blickten sich verdutzt an, bis sie es plötzlich alle eilig hatten. Sie liefen schnell nach Hause, um sich in der ihnen geeignet erscheinenden Weise auf den Weg nach Lindholm zu machen. Von Manje war nichts mehr zu sehen, es schien fast, daß er die falsche Richtung eingeschlagen hatte, sonst hätte man ihn doch auf der Landstraße nach Lindholm noch sehen müssen.

Aber Manje-Schoster hatte einen ganz und gar anderen Plan, er hatte nicht umsonst auf die Uhr geblickt und dann zum baldigen Aufbruch gedrängt.

Stedesand und Lindhom sind zwei aufeinanderfolgende Eisenbahnstationen an der Westküstenstrecke von Hamburg nach Westerland. Die D-Züge halten nicht in Stedesand, sondern nur die langsamen Personenzüge. Der nächste Personenzug mußte bald kommen, es war an der Zeit. Aber Manje war nicht zum Bahnhof gegangen, um seine Absicht nicht zu verraten. Er marschierte in seinen Holzklotzen zwischen den Gleisen entlang, bis die Lokomotive des langsam näherkommenden Personenzuges einen Warnpfiff abgab. Das war das Signal für Manje, er blieb zwischen den Gleisen stehen und winkte dem Lokomotivführer, der seinen Zug zum Stehen brachte. Manje, der dem Zugpersonal auf dieser Strecke als Witzbold bekannt war, stieg in den Packwagen und ließ sich die kurze Bahnstrecke bis Lindholm mitnehmen. Dort stieg er aus und setzte sich in die Gastwirtschaft, um bei einer guten Zigarre das Eintreffen seiner Mitwetter zu erwarten. Daß er sich indessen an einem „fraschen Teepunsch“ labte, war für ihn sowieso eine ausgemachte Sache.

So war es dann auch kein Wunder, daß er die anderen an der Wette Beteiligten bei ihrem Eintreffen in heiterster Stimmung mit freundlichen Worten, die aber den Spott nicht ganz verbargen, willkommen hieß.

17. Das Faschingstelegramm

Sie war eine ungewöhnliche Frau. Sie wollte nicht auffällig sein, sie war es. Ihr Name war weit über den Kreis Süd-Tondern hinaus bekannt. Als Wirtin ihres sehr eigenwillig geführten Lokals lockte sie im Sommer sogar Saisongäste aus Westerland und Kampen auf Sylt an, sie kamen für einen Nachmittag mit dem Zug aufs Festland, um bei Grete Schenk in Leck Kaffee zu trinken oder auch gelegentlich ein kleines Fest zu feiern. Die Originalität dieser exzentrischen Persönlichkeit zauberte eine Atmosphäre, in der sich jeder Gast persönlich geborgen fühlen konnte.

Grete Schenk liebte die Natur und bei den Menschen das Umkomplizierte, das Einfache, es mußte nur echt sein. Aber sie konnte sich, wenn geeignete Gesprächspartner anwesend waren, in tiefe philosophische Gedanken verstricken. Die jungen Leute waren ein hörbegieriges Publikum für sie, damals in den Jahren nach dem Zweiten Weltkrieg, als jeder für sich eine neue Orientierung suchte. Grete Schenk war für die Suchenden ein ruhender Pol in den Wirrungen dieser Zeit, als Deutschland in vier Zonen aufgeteilt worden war, unter die vier Siegermächte, zu denen auch Frankreich gehörte - trotz der Niederlage von 1940.

Grete Schenk war Witwe, ihr Mann fiel zu Beginn des Rußlandfeldzuges. Sie teilte dieses traurige Ereignis nicht, wie es allgemein üblich war, in einer Zeitungsanzeige der Öffentlichkeit mit und sie trug auch nicht, wie es ebenfalls üblich war, Trauerkleidung. Eine ältere Frau, die für ihre bissige Kritiksucht bekannt war, sagte Grete Schenk, als sie ihr auf der Straße begegnete: „Na, so tief ist der Schmerz denn ja wohl nicht, wenn Sie jetzt noch helle Kleider tragen." Grete Schenk reagierte nicht mit einem unfreundlichen Wort darauf, sondern überhaupt nicht und ließ die Frau, sprachlos, stehen. So war sie eben. Das entsprach ihrer Lebenseinstellung: Es ist nicht meine Art, nach außen hin zu demonstrieren, was ich innerlich empfinde.

Das Café, das sie in den ersten Jahren nach dem Krieg führte, war immer gut besucht, vor allem junge Leute scharten sich im wahren Sinne des Wortes um Grete Schenk. Aber wenn sie auch viele Gäste gehabt hatte, so war am Abend die Kasse keineswegs entsprechend voll. Ihr kam es mehr auf Geselligkeit und interessante Gespräche an als auf Verdienst, sie war eben eine gute Wirtin, aber keine Geschäftsfrau, so daß sie oft in Zahlungsschwierigkeiten geriet. Das belastete sie und trübte manchmal ihr Gemüt. Aber wenn dann am Abend ihr Café wieder mit fröhlichen und diskutierfreudigen Gästen gefüllt war, hatte sie ihre gute Laune wieder, und ihr breites Gesicht mit den leuchtenden hellblauen Augen signalisierte jedem Gast von vornherein, daß man es mit einer imposanten Persönlichkeit zu tun hatte.

Später verlegte sie ihre gastliche Stätte in ein alleinstehendes Heidehaus am Rande des Klintumer Moores, das als Wahrzeichen nur ihren Namenszug in starker Vergrößerung zeigte.

Hier nun im Heidehaus konnte sich ihr Talent, Gäste zu unterhalten und interessante Gespräche anzuregen, voll entfalten. Gäste mit schmaler Geldbörse erhielten die Getränke, die zur Aufmunterung nötig waren, ohne zu bezahlen. Es zeigte sich hier immer wieder, daß sie eine großartige Gastgeberin und geistreiche Plauderin war, aber im Geschäftlichen mit ihrer sprichwörtlichen Großzügigkeit und Gutmütigkeit versagte.

Ihre Gaststätte wurde zu einem Mittelpunkt der Diskutierfreudigen, die nach neuen Wegen suchten, um aus der Hoffnungslosigkeit der Nachkriegsjahre herauszufinden, vor allem die jüngeren Menschen suchten Aufmunterung und Zuversicht in die Zukunft. Es wurde nicht nur über Politik diskutiert, Grete Schenk liebte es, philosophische Gedanken und künstlerische Themen in langen (oft bis in die tiefe Nacht dauernden) Gesprächen zu erörtern.

Jedoch auch Freude und Fröhlichkeit suchte man, denn die Amüsierlust wurde wieder lebendig, und nachdem die Mark wieder etwas wert war, erwies sich Grete Schenk als vorzügliche Organisatorin fröhlicher und ausgelassener Feste.

Sie veranstaltete - ungewöhnlich für dieses nördliche Land - Faschingsfeste, die sie immer unter ein aktuelles Motto stellte, das sie aus der Filmwelt oder von gerade üblichen Schlagern bezog. Ein Film inspirierte sie zum Titel „Fest ohne Titel", in einem Jahr lud sie die Gäste mit dem Schlagertext „Von den blauen Bergen kommen wir" zu sich ein. Zu diesen Veranstaltungen kamen sogar prominente Gäste aus Flensburg und Kiel angereist. Ein Ober war extra engagiert, er bediente im Frack. Dies war das erste der übermütigen Feste, die Grete Schenk auch später mit ihrem Einfallsreichtum gestaltete.

Als Clou dieser ersten Faschingsnacht in Leck, die ich selbst mitgefeiert habe, entwickelte sich die Idee eines Flensburger Rechtsanwalts, der den Vorschlag machte, dem Kölner Karnevalsprinzen telegrafisch eine Sympathiebotschaft „aus dem nördlichsten Stützpunkt des Faschings Leck" zu übermitteln. Das Telegramm wurde ordnungsgemäß aufgegeben, Unterschrift „Die Närrinnen und Narren bei Grete Schenk".

Feuerte eine solche Aktion die Stimmung schon an, so erreichte sie ihren Höhepunkt, als kurz nach Mitternacht ein Antworttelegramm aus Köln verlesen wurde, das „alle Närrinnen und Narren bei Grete Schenk" für die nächste Nacht zu einer exklusiven Fête nach Köln einlud. Alles war außer Rand und Band vor lauter Begeisterung. Dem Leser sei schon hier gesagt, daß Grete Schenk bei diesem Antworttelegramm ihre Hand im Spiel hatte. Aber lassen wir den Abend sich in aller Unbekümmertheit weiter entwickeln.

Es bildeten sich kleine Gruppen, die spezielle Vorbereitungen für die Fahrt nach Köln erörterten und planten. Mütter von kleinen Kindern überlegten, wo sie ihren Nachwuchs für zwei Tage unterbringen könnten. Das Wichtigste war, am nächsten Morgen in aller Frühe einen Omnibus zu chartern. Ein Buchhändlerehepaar wollte den Laden für einige Tage ganz schließen, die Reise nach Köln war das wert. Andere wollten sich gleich am Morgen um einige Tage Urlaub bemühen. Kurz, es gab plötzlich viele Probleme, die gelöst werden mußten. Aber niemand wollte einen ernsthaften Hinderungsgrund erkennen, denn das war doch absolut klar: Die Faschingsreise nach Köln mußte man mitmachen!

Der Flensburger Rechtsanwalt hatte wichtige Termine, er konnte leider nicht mitkommen, ebenso mußte ein Dozent aus Kiel absagen. Noch weitere Festgäste mußten schweren Herzens absagen. Es ergab sich am Ende, daß ein Omnibus für 21 Personen beschafft werden mußte.

Die Faschingsnacht bei Grete Schenk wurde für alle ein solches Erlebnis, daß die Teilnehmer immer übermütiger wurden, bis sie zu später nächtlicher Stunde, man könnte auch sagen zu früher morgendlicher Stunde, die Überlegung anstellten, nach Hause zu gehen, um in aller Eile Reisevorbereitungen zu treffen.

Grete Schenk wachte aber rechtzeitig darüber, daß niemand ihr Lokal verließ, bevor noch eine wichtige Nachricht verlesen wurde. Werner Haß, einer der Gäste, der stets zu Spaß und Ulk aufgelegt war, hatte ihr das Kölner Telegramm überreicht, nachdem es von einem späten Postzusteller an der Haustür abgegeben worden war. Alle setzten sich, um seinen Worten zu lauschen, die meisten saßen auf dem Fußboden, weil die Sitzgelegenheiten hinausgebracht worden waren, damit genügend Platz für das närrische Treiben war. Er ließ das Telegramm nochmal herumreichen, so daß jeder es einmal in die Hand bekam und die Einladung lesen konnte. Man las es durch und man fragte sich, was diese Aktion bedeuten sollte, denn man kannte den Inhalt doch schon.

Da rückte Werner Haß mit der Sprache heraus: „Das Telegramm ist fingiert. Ich habe vom Postamt ein Original-Telegrammformular besorgt. Den Text habe ich in großen Buchstaben auf der Schreibmaschine getippt, um dann mit der Papierschere die einzelnen Zeilen auseinanderzuschneiden. Danach habe ich Zeile für Zeile auf das Formular geklebt, so wie es bei einem regulären Telegramm üblich ist."

Grete Schenk habe mit ihm diesen Plan ausgeheckt, um die Stimmung anzuheizen. Das war den beiden gelungen. Aber die Stimmung blieb nach dieser Ernüchterung weiterhin gut. Und Grete Schenk war zufrieden, weil niemand ihr diesen Spaß verübelte. Im Gegenteil, es wurde um so fröhlicher weitergefeiert. Es zeigte sich dann erst, daß es einigen, die sich in der ersten Begeisterung für die Kölner Reise gemeldet hatten, viel lieber war, jetzt weiter fröhlich sein zu können und sich die Strapaze der langen Busfahrt zu ersparen. Man feierte weiter bis zum nächsten Mittag.

18. Keine Bilder mit kleinen Fehlern

Emil Nolde, der in aller Welt bekannte Maler, ist ein ganz typischer Sohn der nordfriesischen Landschaft. Er hatte auch Sinn für den hintergründigen Humor der Menschen, die in diesem sturmumwitterten Land zu Hause sind, wenn es auch nicht seine Art war, selbst einen Schabernack zu inszenieren. Er war zu sehr seiner Kunst verbunden, als daß er Zeit für Spaßgeschichten gehabt hätte. Wenn er ein Bild malte, durfte er durch nichts und niemanden gestört werden, nicht einmal seine Frau durfte das Atelier betreten. Malte er gar in Öl, galt im Hause eine Art Ausnahmezustand, es durfte nichts geschehen, was ihn auch nur im geringsten hätte stören können, so sensibel war dieser große Künstler, der uns mit seinem Werk erst die Augen geöffnet hat für die Lebendigkeit und Farbigkeit der Luft über der weiten Marsch und dem Meer.

Er war dem Schabernack wohl zugetan, aber nur passiv. Er konnte sich köstlich amüsieren, wenn ihm skurrile Geschichten und Anekdoten über ihn selbst zugetragen wurden.

Einmal erlebte er eine lustige Begegnung bei sich zu Hause, die ihn sehr amüsierte. Zu ihm kam ein Konfektionshändler, der seine Ware an der Tür anbot, Textilien verschiedener Art, Anzüge, Kleider und Wäsche. Bei Kleidungsstücken, die er verkaufen wollte, senkte er bereitwillig den Preis, wenn sich bei näherem Betrachten kleine Fehler im Gewebe oder in der Verarbeitung zeigten.

Emil Nolde hatte dem Händler einiges abgekauft, und dieser wollte sich erkenntlich zeigen, indem er sich nicht nur für Noldes Gemälde interessierte, sondern auch geneigt schien, eines zu kaufen. Er besichtigte eine große Auswahl der Nolde-Bilder, jedoch die angesetzten Preise waren für seine bescheidenen Verhältnisse zu hoch. Um seine äußerste Bereitschaft für einen Kauf zu zeigen, fragte er: „Haben Sie nicht irgendein Bild mit kleinen Fehlern zu einem billigeren Preis?“

Nolde schlug dem Händler freundschaftlich auf die Schulter und erläuterte ihm: „Webfehler kann's bei mir ja leider nicht geben... Da sind Sie im Vorteil, lieber Mann.“

Wie freundschaftlich-familiär der Ton im Hause Nolde war, zeigt auch eine andere lustige Begebenheit. Frau Nolde bat den Knecht, sie doch mal zu wiegen, sie möchte wissen, ob sie abgenommen oder gar zugenommen habe. Sie stellte sich, nachdem sie aufgefordert worden war, bereitwillig auf die Waage, die normalerweise für das Wiegen von Tieren, wie Schafe oder Schweine, bestimmt war. Der Knecht Hans las an der Skala das genaue Gewicht ab und nannte es Frau Nolde. Sie war über das verhältnismäßig hohe Gewicht erschrocken und schrie, halb belustigt, halb zweifelnd: „Das kann doch nicht wahr sein, Hans!“

Der Knecht las noch einmal die Zahl auf der Ziffernskala sorgfältig ab, jedoch es blieb bei dem erstgenannten Gewicht, Frau Nolde schaute ihn ungläubig an.

Daraufhin fühlte Hans sich bemüßigt, Frau Nolde zu beruhigen und er sagte mit treuschuldiger Miene die begütigenden Worte: „Na ja, machen Sie sich man nichts daraus. Ein Schwein von guter Rasse kann auch auf den Tag ein gutes Pfund zunehmen.“ Emil Nolde soll über diese Feststellung herzlich gelacht haben.

19. Ein Gespann ohne Kutscher

Hein Dörchfuhrt war ein Original, das weit über das Dorf hinaus bekannt war, ja, eigentlich war er mehr ein Vertrauter der Bauern und Gutsbesitzer in der weiteren Umgebung von Leck. „Dörchfuhrt“ heißt zu Hochdeutsch Durchfahrt, es handelte sich um die Durchfahrt im Central Hotel von Christian Böller. Hier fuhren die Bauern und Gutsbesitzer mit ihren Gespannen ein und überließen Hein das Ausspannen, die Unterbringung der Pferde im Stall und die Fütterung.

Die Pferde blieben dort im Stall, bis Hein sie für die Rückfahrt wieder einspannen sollte. Das zog sich manchmal lange hin, wenn die Pferdeeigner sich allzu lange am Grog oder am Teepunsch festhielten. Wenn es den Pferden zu lange dauerte, bis der Herr zurückkam, begannen sie hart und energisch auf dem Steinfußboden des Stalls zu scharren, Hein wußte sie aber immer zu beruhigen, er warf ihnen Futter vor, er beruhigte sie mit leichtem Klopfen auf ihr Fell oder er striegelte sie. Er wußte immer das richtige Mittel, um den Pferden das oft lange Warten erträglich zu machen.

Nicht jeden Tag kamen die Bauern und Gutsbesitzer nach Leck. Trotzdem stand Hein von morgens früh bis zur Schlafenszeit an der Ecke seiner Durchfahrt, gegen die Wand gelehnt und schmökte seine kurze Pfeife. Dann hatte er oft einen kleinen Plausch mit den vorüberkommenden Passanten, jeder kannte Hein und war mit ihm per Du. So lebte Hein Dörchfuhrt ein Leben lang seiner eigenen Philosphie bis zu seinem Ende.

Hein Dörchfuhrt war immer auf Diskretion bedacht, wenn er etwa Zeuge von Gesprächen wurde, deren Inhalt nicht für andere Ohren bestimmt war. Oder wenn mal ein Gutsbesitzer mit einer feinen Dame einfuhr, die nicht sein Eheweib war. Dann konnte er ein Gesicht machen, als sehe und höre er nichts in der ganzen Umgebung, er sprach nur mit den Pferden.

Hein erlebte aber auch Begebenheiten, die nicht als vertraulich galten, und die erzählte er gern und weitschweifend - denn er hatte viel Phantasie - vor allem, wenn ihm einige Teepünsche spendiert worden waren, wobei er dann immer eine gute Portion Übertreibung hinausflunkerte.

So sei einmal, erklärte Hein in verschwörerischem Flüsterton, ein Gespann - ein Kutschwagen mit zwei Pferden - von einem größeren Gut (den Namen brauche man ja nicht zu nennen) ohne Kutscher in die Durchfahrt gekommen und hatte auf dem Hofplatz gehalten, wie es üblich war. Hein hatte die Pferde ordnungsgemäß ausgespannt, in den Stall geführt, ihnen Futter vorgeworfen und sie dann gestriegelt. Er habe bei sich gedacht, erzählte Hein, daß die Herrschaften schon noch kommen würden. Als die Pferde aber nach vielen Stunden des Wartens, anfingen hart und immer heftiger auf dem Boden zu scharren, habe er sie wieder vor den Wagen gespannt in der Hoffnung, daß sie den Weg zurück auch allein finden würden. Aber die Pferde zogen nicht an, sie blieben stur stehen und scharrten weiter. Erst als Hein, wie es bei der Abfahrt der Herrschaften immer üblich war, seine Mütze zum Abschied lüftete, zogen die Pferde an. Aber glücklicherweise kam gerade in diesem Augenblick ein Stallbursche vom Gut, das telefonisch verständigt worden war, angeritten, band sein Reitpferd hinten an den Wagen und kutschierte heimwärts.

Der Wagen war für eine andere Ausfahrt angespannt worden. Die Pferde waren jedoch des längeren Wartens müde geworden und hatten sich eigenwillig in Richtung Leck zum Central Hotel in Bewegung gesetzt, den Weg kannten sie ja.

Ein anderes Mal handelte es sich bei Hein Dörchfuhrts Erzählungen um eine Wette. In fröhlicher Teepunschlaune hatte ein eingekehrter Bauer seinen Mittrinkern erklärt er könne, rückwärts auf dem Pferd sitzend, einmal den ganzen Weg um die Lecker Kirche, vorbei an der Holzhandlung Frenzel, dann über den alten Marktplatz (heute Parkplatz), vorbei an der heute noch als schönes Kleinod zu bewundernden Apotheke und zurück zum Central Hotel, reiten. Er gewann die Wette und Hein profitierte aus dessen Sieg mit etlichen Teepünschen.

Einmal hatte Hein eine mutige Tat vollbracht. Seltsamerweise sprach er nicht gern darüber, das war ihm wohl irgendwie peinlich. Damals hatte in der Nähe des Kaufmannsladens von Emil Schiller (heute Elektro-Hartmann) ein Gespann Pferde gescheut und war samt Wagen in wilder Fahrt „durchgebrannt“, wie man es nannte, wenn die Pferde von einer Angst aufgescheucht wurden und selbst von einem geübten Kutscher nicht mehr zu lenken waren. Als Hein das wilde Gespann näherkommen sah, rannte er mitten auf die Straße - dem Gefährt entgegen - und gestikulierte unbändig mit beiden Händen, in der einen flatterte seine blaue Schürze, die er immer umhatte. Dadurch habe er die Pferde zum Stehen gebracht, erzählte er bescheiden - aber ein bißchen Stolz klang doch in seinen Worten. Diese „Heldentat“ war am Tag danach im „Lecker Anzeiger “ gebührend gewürdigt worden.

20. Die Pferde-Taxe

Kalli-Taxe war nicht der erste Unternehmer in Leck, der Personen beförderte, schon sein Vater, der Gastwirt Carl Paulsen, bot viele Jahrzehnte vorher seine Dienste an. Dieser aber nicht mit dem Automobil, sondern mit einem Pferdegespann. Er fuhr mit seinem Landauer nicht - wie später sein Sohn - kurze Strecken von Haus zu Haus. Wenn er seine Pferde aus dem Stall holte und anspannte, war es immer für eine längere Fahrt. Eine Fahrt nach Flensburg (rund 30 Kilometer) hin und zurück dauerte mit dem Landauer etwa zehn Stunden und kostete zehn Reichsmark. Wenn der alte Carl Paulsen - wie es vorkam - einen kranken Menschen zur Universitätsklinik nach Kiel fahren mußte, war er zwei Tage unterwegs.

Einmal mußte er einen Reisenden (heute sagen wir Handelsvertreter) in schwerem Gewitter nach Bredstedt fahren. Die Fahrtkosten betrugen fünf Mark. Der Fahrgast hatte aber kein Kleingeld und gab seinem „Retter" ein Fünf-Mark-Stück in Gold - das war mehr!

Carl Paulsen hatte auch eine Kohlenhandlung und belieferte vor allem Großbetriebe des Dorfes mit Brennmaterial, so die Meierei und die Schulen in weitem Umkreis. Einen ganzen Waggon Kohlen bezog alljährlich das Central Hotel von Christian Böller. Diese Lieferung verlief nie ganz trocken. Nach der letzten Fuhre, die in den Keller geschüttet war, feierte man in der Gaststube bei steifen Grogs den Vollzug der außerordentlichen Lieferung.

In jenen Zeiten mußte der Spritzenwagen der Feuerwehr bei einem Ernstfall von Pferden gezogen werden. Dafür gab es kein Entgelt, es war eine Ehre, das Gespann für die Feuerwehr zur Verfügung zu stellen. Sobald das Feuerhorn in Leck ertönte, machten sich mehrere Pferdebesitzer auf den Weg, um den Wagen zum Brandort zu fahren. Carl Paulsen, dessen Gastwirtschaft gleich gegenüber dem Schlafmarkt war, auf dem das Spritzenhaus stand, konnte leicht der erste Fahrer sein. Einmal, so erzählte er, hat er die Pferde am Halfter durch die Gastwirtschaft gezogen, um rechtzeitig zum Anspannen da zu sein. Seine Frau soll ob dieses „Vorfalls" laut geschimpft haben, weil die Gäste belästigt wurden, aber sie soll, wie es heißt, dann doch versöhnlich gelächelt haben, weil es ihrem schneidigen Mann wiedermal gelungen war, den Spritzenwagen zu fahren.

21. Die Ochsen-Tour

Direkt am Schafmarkt hatte auch Claus Rendsburg eine Gastwirtschaft. Er wurde so genannt, weil er aus Jevenstedt bei Rendsburg nach Leck gekommen war. Wie sein richtiger Familienname war, wußte niemand. Er handelte mit Vieh. Wir kommen zu Claus Rendsburg auf einem kleinen Umweg.

Eines Tages erhielt der Sohn von Carl Paulsen - der spätere Kalli-Taxe - von dem Viehhändler Julius Bossen den Auftrag, beim Gastwirt Seiler in Klintum einen Ochsen abzuholen, den er dort gekauft hatte. Kalli brachte den Ochsen auftragsgemäß nach Leck und lieferte ihn bei Julius Bossen mit dem Hinweis ab: „De Oss hett de Schieterie." Was man in Hochdeutsch etwas dezenter mit „Durchfall" bezeichnen würde. Das nun wiederum war keine günstige Verkaufsgrundlage für einen Viehhandel. Julius Bossen schob seine Mütze etwas zurück, kratzte sich an der Glatze und meinte: „Dat beste is, Du bringst de Oss naa Claus Rendsburg. De köfft sowat."

Kalli brachte den Ochsen zu Claus und die beiden verhandelten dann in der Gastwirtschaft, die Claus selbst betrieb. Wie zufällig betrat Julius Bossen den Raum und ließ sich erklären, worum es bei dem Handel der beiden ging, er gab sich nicht nur unwissend, sondern auch uninteressiert, als ihm das Handelsobjekt geschildert war. Er saß unbeteiligt neben den beiden Handelnden, bis er dann doch Interesse zeigte und mitbot. Er bot einen höheren Preis. Aber Claus Rendsburg übertraf sein Angebot immer wieder, bis er für einen sehr stattlichen Preis den Zuschlag bekam.

Bald nach diesem Viehverkauf erfuhr Claus von der Gaunerei, die man mit ihm getrieben hatte. Er war aber nicht böse darüber, hatte er doch wohl selbst auch schon ähnlich gehandelt. Als aber nach einigen Wochen Nicloi Nielsen ihm unter ähnlichen Bedingungen ein Stück Vieh zum Verkauf anbot, wollte Claus schlau sein und forderte: „Ick will aaber erstmaal sehn, wie Dien Stück Veeh schitt." So war Nicloi Nielsen genötigt, dem Kaufinteressenten zunächst eine Probe Dung - dezent ausgedrückt - von dem Handelsobjekt zu bringen. So geschah es dann auch. Er legte die Probe, die er sorgfältig in Papier eingewickelt hatte, auf den Tisch in der Gastwirtschaft. Und nachdem Claus die Probe auseinander gestrichen und sorgfältig geprüft hatte, kaufte er das Stück Vieh.

Kalli-Taxe entsinnt sich, als er mir diese Geschichte erzählt, daß Claus Rendsburg ein gutmütiger Mensch war. Er nahm im Winter Landstreicher bei sich auf, die sonst keine Unterkunft gefunden hätte. Die konnten auf seinem Heuboden schlafen, der dann aber bald von leeren Schnapsflaschen übersät war. Den Schnaps hatten die „Monarchen" wie man die Landstreicher nannte, in der Gastwirtschaft von Claus gekauft - ja, er war ein kluger Geschäftsmann, beim Viehhandel und auch in der Gastwirtschaft. Die armseligen Logiergäste auf dem Heuboden hatten natürlich kein Bargeld, um den Fusel, den Claus ihnen gab, bezahlen zu können. Darum sammelte er von seinen Logiergästen am Monatsende die Rentenkarten ein und kassierte das Rentengeld für sich – die Logierer bekamen aber auch zu essen von ihm, nein, unmenschlich konnte Claus nicht sein, das war gegen seine Natur. Aber alles in allem machte Claus doch ein gutes Geschäft, hätte ihm der Heuboden sonst doch gar nichts eingebracht.

So wie bei diesem Ochsenhandel ging es auf dem Lecker Viehmarkt nicht zu. An Markttagen, es war immer der Montag, wurden die zum Kauf angebotenen Rindviecher vor den Häusern entlang der Hauptstraße an den davor befindlichen Stangen festgebunden. Die Händler aus den verschiedenen Dörfern, die hier zum Markt kamen, um ihre Kühe zu verkaufen, hatten ihre bestimmten Plätze, an denen sie ihre Tiere festbinden konnten. An Markttagen wurde fast in jedem zweiten Haus eine Gastwirtschaft betrieben. Und die Händler gingen immer nach einem abgeschlossenen Handel in das Haus, vor dem sie angebunden hatten, um dort den Handel zu „begießen“. Bei diesem sogenannten „Wienkoop“ wurde der Handel, der vorher durch einen Handschlag rechtsgültig abgeschlossen worden war, endgültig besiegelt.

Vor der Gastwirtschaft von Carl Paulsen hatten die Bauern aus der Gegend von Achtrup, Lindholm und Maasbüll festgemacht. Eines Tages im Herbst hatte ein Mann aus Westre zwei Rinder gekauft. Der Handel wurde wie üblich durch Handschlag rechtsgültig, dabei wurde vereinbart, daß der Preis erst im nächsten Frühjahr gezahlt werden sollte. Es bedurfte keiner schriftlichen Vereinbarung. Und als es soweit war, kam der Käufer aus Westre an den Ort des Handels zurück und bezahlte den geforderten Preis. Er hatte die Hundert-Mark-Scheine an seiner Wolljacke in der Art befestigt, daß er einen Wollfaden herausgezerrt und die Geldscheine darauf aufgezogen hatte. Bei der Bezahlung zog er sorgfältig einen Schein nach dem anderen vom Faden ab und gab ihn dem Verkäufer, bis die Summe voll bezahlt war. Nach dieser Prozedur gab es einen ausgedehnten „Wienkoop“.

22. Ertrunken in der Lecker Au

Claus Rendsburg machte auch sonst von sich reden. Daß er priemte war keine Besonderheit, das taten fast alle. Und jeder spuckte den Priem (Kautabak) irgendwo in die Gegend, wenn er total ausgequetscht war. Man suchte sich eben den Ort nicht extra aus, wo man den glitschigen Rest des Kautabaks schwungvoll ausspuckte.

Eines Tages ging Claus Rendsburg, genüßlich priemend, durch den Lecker „Augarten“, um seinen Kopf nach reichlich genossenem Teepunsch etwas „auszulüften“. Mit seinen Gedanken war er – angeheizt vom Alkohol – in tiefsinnige, vielleicht aber auch in ganz gegenwärtige viehhändlerische Überlegungen versunken, die ihn dann am Ende der Gedankenreihe ins schabernacksche Abseits führten.

Da stand er nun, bevor er ins Dorf zurückschwankte, unter den großen Kastanienbäumen, die den Eingang des „Augartens“ wie ein riesiges Portal schmückten. Sein Blick versuchte an der Rinde der Bäume hinaufzubalancieren – zuweilen verlor das Auge die Orientierung – aber dann wandte er sich der Erde zu, wo er besseren Halt fand.

Claus lachte verschmitzt vor sich hin. Und dieses Lachen – es war mehr ein Schmunzeln – entschied über seine nächsten Schritte, die ihn auf den Weg zur Ausführung seines soeben gefaßten Plans führten. Und sein Schritt beschleunigte sich, soweit seine Beine fähig waren, seinen Wünschen zu folgen, ja er wünschte sich jetzt eine Runde sauffreudiger, alkoholseliger Kumpane.

Als er zur Hauptstraße kam, war er schon außer Atem. Er hätte nun Gelegenheit gehabt, in eine der nächsten Gastwirtschaften einzukehren. Aber er hatte einen anderen Plan, er schleppte sich, mit Teepunschlasten beladen, jedoch mit einer gewissen Verantwortung, wie er sich selbst vorzumachen versuchte, bis in Sophie Ebsens Gasthof. Mit letzter Mühe fand er einen Platz am Tisch, an dem schon andere rotgesichtige und kreuzfidele Trinker saßen. Mit Bedacht hatte er an diesem Tisch Platz genommen, das war genau die Instanz, die für seine Aussage zuständig war, und die er just akkurat unter Aufbietung seiner Kräfte noch erreicht hatte.

Jedoch das laute Gejohle, mit dem man ihn hier empfing, paßte nicht in sein Konzept. Deswegen ließ er zunächst seinen Kopf – total erschöpft, der ganze Claus – auf seine vorgehaltenen Arme sinken und stöhnte verzweifelt, hastig atmend und mit hoffnungslos klingender Stimme: „Daar is wat passeert...“

Die anderen hatten ihre Teepunschtassen gerade zum Zuprosten in den Händen. Sie lächelten einander zu, eigentlich lächelten sie über Claus. Und bevor sie die Tassen absetzten, rief einer zum Schanktisch: „Nu bring man uk een för Claus, sünsten sitt he hier so drög herum.“

Man hatte sich aber getäuscht, wenn man geglaubt hatte, daß Claus jetzt dankbar und freundlich lächelnd seinen Kopf gehoben hätte. Er schluchzte, das Gesicht in die Jackenärmel gedrückt, weiter vor sich hin und sagte mit leiser Stimme: „Daar is een versaapen."

Man lächelte, weil Claus nun doch wirklich zu spinnen anfing. Da sollte einer ertrunken sein, wo und wer. Man fragte ihn leutselig: „Nu segg maal, Claus, wo is denn eener versaapen?" Claus griff hastig nach der ihm vorgesetzten Tasse, trank einen kräftigen Schluck Teepunsch, wischte sich mit dem Rockärmel das verschmierte Gesicht und den Mund ab und gab keine Antwort, er stierte vor sich hin ins Leere.

Das war nun ganz und gar nicht die Art von Claus Rendsburg. Darum stellten sie ihre Teepunschtassen, ohne einen Schluck genommen zu haben, wieder zurück, und sahen mit besorgter Miene auf den schluchzenden Claus.

Zunächst erstmal diese Maßnahme!

Aber dann glaubten sie zu erkennen, daß Claus etwas Wichtiges mitzuteilen hatte, und fragten, jetzt mit einer gewissen Besorgtheit: „Nu vertell, Claus, wo is een versaapen?"

Claus rang nach Luft und brachte mühsam die Worte heraus: „Minsch, in'e Lecker Au... daar is een versaapen!"

Diese Aussage brachte nun doch Unruhe in die bis dahin heitere Runde. Claus schien verzweifelt, und er brauchte erstmal einen schieren doppelten Geelen Köm, um klarer sprechen zu können - wie man glaubte. Jedoch seine Sprache wurde dadurch nicht klarer, sondern eher noch nuscheliger. Aber die Männer um ihn vernahmen jetzt, daß etwas Schlimmes passiert sein sollte.

Nun kam Bewegung in die Gesellschaft. Die Männer hatten sich in die, für das offenbar fruchtbare Geschehen, notwendige Nüchternheit zurückgeholt und begannen zu handeln. Einige eilten zur Lecker Au, an den von Claus beschriebenen Ort.

Da war also einer ertrunken, furchtbar!

Man überlegte, ob die Feuerwehr alamiert werden sollte. Für Claus hatte man Verständnis, daß er nach seinem schlimmen Erlebnis lieber Teepunsch trinken wollte.

Als aber nach einer halben Stunde des Suchens immer noch keine Leiche in der Lecker Au gesichtet worden war, ging man zurück zu dem inzwischen volltrunkenen Claus, um Genaueres zu erforschen. Es war schwierig, eine Antwort aus ihm herauszuholen. Einer bemühte sich mit Geduld und fragte vorsichtig und mit Bedacht: „Nu hör maal to, Claus, wer is versaapen, wär dat een Kind oder een Wussene?" Claus stierte den Fragenden mit wässerigen Augen an und fragte nun seinerseits: „Wat för een Kind... wat för een Wussene..." Weiter kam er nicht mit seinen Worten. Man fragte in ruhigem Ton weiter: „Claus, nu hör maal to... du hest doch sehn, dat daar een in'e Lecker Au versaapen is. Wer wär dat?"

„Ach dee"... Claus spricht undeutlich vor sich hin, „jaa, dat heff ick sehn, de is versaapen." Man ist froh, daß Claus wieder zu sprechen beginnt.

„Jaa, Claus, wer wär dat?"

Claus lächelt ermattet: „Jaa, wat meenst Du denn?" Plötzlich richtet er sich mit großer Kraftanstrengung auf, hält seinen bis dahin ständig wackelnden Kopf starr und blickt dem Fragenden fest in die Augen: „Dat will ick Di vertelln (und jetzt spricht er Hochdeutsch weiter, was seinen Worten mehr Nachdruck verleihen soll). Das will ich Dir genau sagen, mein lieber Freund..." Alle lauschen gespannt seinen Worten, aber Claus lacht plötzlich laut: „Dat wör doch mien Priem, Du Döskopp, de heff ick in'e Lecker Au spütt un de is daar versaapen."

Keiner ist böse auf Claus, alle sind erleichtert, und die fröhliche Runde dauerte an diesem Tag bis zum späten Abend.

23. Humor beim Viehhandel

Schlachter Hahn aus Bredstedt liebte einen derben Humor - im Gegensatz zu Bäcker Harksen aus Leck, der den liebenswerten Schabernack pflegte, mit dem niemals ein Betroffener verletzt oder auch nur beschämt wurde. Hahn wählte auch drastische Ausdrücke in seinen Unterhaltungen, wenn er über Land fuhr, um bei den Bauern Schlachtvieh zu kaufen.

Eines Tages kam er bei diesen Fahrten zu Ernestine Thomsen nach Soholm. Sie war Witwe und bewirtschaftete ihre mittelgroße Landwirtschaft zusammen mit einem Knecht (heute: landwirtschaftlicher Gehilfe). Die beiden hatten den Schweinestall ausgemistet, weil sie wußten, daß Hahn sich für die Schweine interessieren wollte, die zum Verkauf anstanden. Ernestine war kinderlos und lebte nach dem Tode ihres Mannes zurückgezogen auf ihrem Hof. So war es für sie jedesmal ein kleines Ereignis, wenn jemand zu Besuch kam. Schlachter Hahn war ein geselliger Mann, das war allgemein bekannt, und darum freute sie sich auf einen kleinen Klönschnack, der sich bei jedem Viehhandel ergibt.

Schlachter Hahn hatte sich für den Besuch bei der alleinstehenden Frau einen schlimmen Scherz ausgedacht, aber spaßig, wie er selbst befand.

Nun war es ja noch nichts Ungewöhnliches, daß er sich von einem frischgeschlachteten Rind eine Zitze des Euters abschnitt und in die Tasche steckte. Vielleicht - so dachte der Witzbold mit zwiespältiger Moral - würde er Ernestine aufs köstlichste amüsieren können. Warten wir ab, was Hahn vorhat.

Ernestine Thomsen zeigte sich ihrer ehrlichen Stimmung gemäß hocherfreut, als Hahn ihr Haus betrat. Sie bat ihn in die Gute Stube, wo schon ein Teller mit selbstgebackenem Kuchen auf dem Tisch stand, ebenso Kaffeetassen, bereit, das köstliche Getränk aufzunehmen. Hahn dachte anders: Kaffee hatte er heute schon zweimal bei Kunden trinken müssen, ihm stand der Sinn - war es doch schon allmählich Abend - nach einem steifen Grog, „zuviel Kaffee bringt Läuse in den Magen." Er sagte aber nichts, sondern dachte nur an seinen Plan, den er sich ausklamüsert hatte.

Während Ernestine Thomsen nun den Kaffee in der Küche aufbrühte, bereitete Hahn - er hatte seinen Namen zurecht - seinen derben Schabernack vor. Er zog die Zitze vom Kuheuter aus der Tasche und heftete sie mit einer Sicherheitsnadel vorne an den Hosenbund. Er wollte damit vortäuschen, als sei seine Hosentüre offen, und es zeigte sich dort unanständigerweise die versteckte Heimlichkeit männlicher Intimlichkeit.

Ernestine öffnete die Tür und betrat den Raum, in der einen Hand hielt sie die Kanne mit dem Kaffee, in der anderen einen Teller mit selbstgebackenem Kuchen. Sie hatte die Tür mit dem kleinen Finger der Kuchen-Hand öffnen können. Nun stand sie in der offenen Tür, blickte auf Hahns Unanständigkeit und gab einen schrillen Entsetzensschrei von sich. Die Kaffeekanne konnte sie noch gerade auf den Tisch stellen, aber der Kuchenteller geriet in eine solche Schräge, daß alles Selbstgebackene herunterpurzelte und sich in breitem Umkreis auf dem Fußboden verstreute. Sie brauchte eine Weile, um genug Luft in der Lunge zu haben für einen zweiten Aufschrei. Dem schloß sich die halb geflüsterte, halb kreischend gesprochene Aufforderung an, und ihre Stimme überschlug sich dabei mehrmals: „Machen Sie das weg... machen Sie das weg... das weg... weg, weg..."

Hahn schien unbeeindruckt von dem Entsetzen Ernestines, holte sein scharfes, spitzes Schlachtermesser, das er immer bei sich hatte, aus der Gürtelhalterung und schnitt mit einem energischen Ruck die Kuhzitze ab, die war weg. Das war für Ernestines Nerven aber zuviel, glaubte sie doch an eine Selbstverstümmelung des Herrn Hahn, ihre Kräfte schwanden, ihre Nerven versagten, sie erreichte gerade noch den Stuhl, der direkt neben ihr stand und sank in eine Ohnmacht.

Das war für Hahn eine schlimme Bescherung, aber er hatte stärkere Nerven als Ernestine, tauchte sein Taschentuch in das kühle Wasser einer Blumenschale, legte es auf Ernestines Stirn und belebte gleichzeitig ihren Atem durch Zuwedeln frischer Luft mit den Händen. Er war beherrscht und zuversichtlich... und - oh Wunder - nach kurzer Zeit atmete Ernestine wieder, und als sie Hahns vertrauenerweckendes Gesicht erblickte, lächelte sie sogar, bevor einer - er oder sie, wer wohl? - etwas sagen konnte.

Der Vorfall war schnell vergessen, man unterhielt sich bei Kaffee und Kuchen, und nach einer Visitation im Schweinestall wurden zwei Tiere gekauft. Der Handel war perfekt und alles andere war weggewischt.

Zwei andere Schlachter zeigten sich als perfekte Witzbolde, sie betrieben auch hauptsächlich den Viehhandel. Der größere der beiden hieß Ihle und wohnte in Flensburg, der kleine mit dem Namen Duhn kam, wie Schlachter Hahn, aus Bredstedt. Sie trafen sich oft - und gerne - beim Teepunsch, dabei verulkten sie sich gegenseitig. Von ihren Orgien und Späßen sollen zwei geplante Grabinschriften erwähnt werden, die sie sich gegenseitig zugedacht hatten.

Ihle verfaßte für seinen Kumpan folgenden Spruch:

Hier liegt der Duhn
er war immer, immer duhn,
hier liegt er in der Erde,
daß er endlich nüchtern werde.

Der Duhn hatte auch Witz und reagierte mit diesem Spruch:

Hier liegt der Ihle,
betrogen hat er viele,
hier liegt er in der Erde,
daß er endlich ehrlich werde.

Ein anderer Schlachter aus Leck hatte ein dickes Fell, wenn über ihn gelästert wurde, er sagte still-schmunzelnd: „Laat se man verteIln, wat se wüllt, mi maak dat nix ut." Jule Marcussen war bekannt für seine Friedfertigkeit. Da begegnete ihm sein Nachbar Carsten Sörensen in der Hauptstraße. Dieser hielt seine Hand hinten am Hals. Erstaunt fragte Jule Marcussen: „Wat hest du denn?“

„Ach, weets du, ick heff Wehdag int Genick.“

„Un wat hett de Doktor seggt?“

„Gaah naah Jule Marcussen, hett he seggt!“

„Wat schall dat bedüden?“

„Ach, he hett seggt, Jule Marcussen is een grode Halsafschnieder, gaah man henn, he kann di hölpen.“

Daraufhin brach Jule Marcussen in ein lautes Gelächter aus und forderte Carsten Sörensen auf, mit ihm ins Schlachthaus zu kommen, damit er ihn „operieren“ könne. Jule Marcussen war ein stiller Mann mit viel Sinn für Humor.

24. Einer fehlte

Ein Unikum der zwanziger Jahre mit ungekünstelter Komik war Hein Pattburg. Wie er richtig hieß, wußte niemand. Er war in Pattburg, der heute dänischen Stadt Padborg, geboren, seine Geburtsstadt hatte ihm den Namen gegeben. Auch wovon er lebte, wußte niemand genau. Er wohnte in Flensburg, und er fuhr manchmal mit dem Personenzug in der vierten Klasse - die es damals gab - mit zwei Körben voller Fische nach Niebüll, oder auch mal nur bis Leck, wo er an den Haustüren seine Geschäfte abwickelte.

Sein Spruch - heute würden wir sagen: sein Werbeslogan -, den er herleierte, wenn die Hausfrau die Tür geöffnet hatte, variierte er. Eine Version ging so:

Ich bin ein Händler
von Flensburgs Gnaden.
Hab meinen Korb
voll Fisch geladen.
Kauf nur bei mir den glatten Fisch,
er zappelt noch und ist ganz frisch.

Er benutzte morgens den Zug, mit dem wir Schüler von Leck nach Niebüll zur Friedrich-Paulsen-Schule fuhren. Wenn Hein Pattburg im Zug war, setzten wir uns zu ihm in die vierte Klasse, obgleich wir Monatskarten für die dritte Klasse hatten, der Spaß war uns das Umsteigen wert. Dort saßen noch andere Fliegende Händler mit ihren Körben und Kartons. Sobald wir ihm gegenübersaßen, schnitt Hein Pattburg unentwegt Grimassen, sicherlich nur, um uns Kinder zu belustigen - so sehe ich es heute.

Er rauchte meistens Zigaretten, und manchmal zog er mit der Zunge die brennende Zigarette ganz in den Mund und schloß die Lippen, bis er nach einer Weile den Mund wieder öffnete, die Zigarette mit viel angesammeltem Rauch herausbrachte und genüßlich weiterrauchte.

Ich kannte Hein Pattburg nicht nur von den Begegnungen im Zug, er besuchte auch regelmäßig das Turn- und Sportfest in Leck, das einmal im Jahr stattfand. Aber auch das bedeutende Reit- und Fahrturnier, das aus der ganzen Provinz Schleswig-Holstein, ja sogar aus dem Hannoverschen, Reiter und Pferde anzog. Es war ein wahres Volksfest des Nordens.

Bei diesen Festen fehlte Hein Pattburg nie. Er ging mit schnellem Schritt während der ganzen Dauer der Veranstaltung um das große Rund des Festplatzes, er hatte dabei ein Bündel Fähnchen mit den schleswig-holsteinischen Farben blau-weiß-rot in der Hand. Nach und nach wurden ihm dann die Fähnchen abgekauft, er mag dabei auch größere Beiträge von wohlmeinenden Besuchern des Festes erhalten haben.

Zu einem dieser Feste war Hein Pattburg jedoch nicht erschienen. Das wurde mit Verwunderung registriert, ja, einige Zuschauer bekundeten ihren Unwillen - so vertraut war ihnen diese Gestalt - und beschwerten sich bei den

Veranstaltern darüber. Die Turnierleitung entschloß sich daraufhin, einen Autofahrer nach Flensburg zu schicken, um herauszufinden, warum Hein Pattburg nicht erschienen sei.

Der Sendbote fand Hein traurig in seiner bescheidenen Wohnstatt vor, er saß trübsinnig in der Ecke und aß gerade sein kärgliches Mahl, das lediglich aus Schwarzbrot und Margarine bestand. Angesprochen, warum er nicht zum Reit- und Fahrturnier nach Leck gekommen sei, antwortete er kläglich, er habe das Fahrgeld für die kurze Bahnstrecke von Flensburg nach Leck nicht gehabt.

Der Bote lud Hein Pattburg samt seinen Fähnchen in sein Auto und brachte ihn schnell nach Leck zum Reit- und Fahrturnier. Dort angekommen, fuhr das Auto - ein offener Sechssitzer der Marke Stoewer - unter brausendem Jubel aller Zuschauer eine Ehrenrunde um den Turnier-Platz, dabei hielt Hein seine Fähnchen hoch und winkte fröhlich zurück.

So fand das Fest für alle Beteiligten seine gebührende (übliche) Abrundung.

25. Der Geschichtenerzähler

Schuster Jansen war ein Unikum besonderer Art. Er war etwas verkrüppelt, er hatte einen Buckel. Das war eine Erinnerung an seine harte Jugendzeit, hatte er doch schon als Kind in schwerster Arbeit für die Familie mitverdienen müssen. Trotzdem behielt er im späteren Leben immer seinen Humor.

Er saß in der Werkstatt von Frau Thiele, die schon vor dem Ersten Weltkrieg Witwe geworden war und allein für den Unterhalt ihrer drei Kinder zu sorgen hatte. Die Werkstatt befand sich im Obergeschoß des Hauses, das am Rande des Schafmarktes lag, aus den Fenstern hatte man einen weiten Blick über den ganzen Platz. So hatte Schuster Jansen immer einen weiten Ausguck auf das tägliche Geschehen, zumal er bis zur Hauptstraße blicken konnte. Und er machte sich viele Gedanken über die Frauen und Männer, die alltäglich vorbeigingen, er machte sich überhaupt immer viele Gedanken über das Leben und den Tod, er war ein Philosoph auf dem Schusterschemel.

So war es kein Wunder, daß er schon zu Lebzeiten Überlegungen für seine Grabinschrift anstellte. Er hatte viele Bücher gelesen, Plattdeutsches und Hochdeutsches. Dadurch angeregt, brachte er einige Sprüche zu Papier, wie diesen:

Karl Jansen werde ich genannt,
der Himmel ist mein Vaterland,
in Langenhorn bin ich geboren,
als Schuster bin ich auserkoren,
die Feder ist mein Fluch,
drum schreibe ich so klug.

Als Grabinschrift hatte er sich diese Zeilen ausgedacht:

Hier ruht Karl Jansen,
geh' schnell vorüber,
sonst steht er auf
und kommt noch wieder.

Wenn er von seinen Weltreisen erzählte, staunten wir Kinder und konnten nie genug davon hören, wir waren begierig darauf, immer mehr zu hören. Das inspirierte ihn zu immer neuen Berichten über seine Erlebnisse bei fremden Völkern. Wir wußten nicht, daß alle Erzählungen seiner Phantasie entsprangen, die vom Lesen vieler Bücher gespeist worden war. Er ließ sich auch durch Fragen nie aus der Ruhe bringen, immer wußte er eine schnurrige oder auch gruselige Geschichte als Antwort. Er hatte stets einen verschmitzten Ausdruck im Gesicht und man wußte nie genau, was ernst zu nehmen und was seiner schalkhaften Phantasie entsprungen war, wenn er seine Geschichten erzählte.

Sein Einfallsreichtum schien grenzenlos zu sein. Aber eines Tages geriet er dann doch in arge Bedrängnis. Bei Familie Thiele war ein Mann zu Besuch, der schon mit dem Schiff in Amerika gewesen war. Den wollte man zu Schuster Jansen führen, die Kinder kündigten seinen Besuch in der Werkstatt an: „Hier kommt gleich einer, der kann amerikanisch sprechen."

Da konnte dem armen Schuster keine Phantasie mehr helfen, er flüchtete schleunigst durch eine Tür, die hinter einem Wandschrank verborgen war. Und als man den Gast die Treppe heraufgeführt hatte, fand man nur eine leere Werkstatt vor. Jansen war vor dieser Situation, die er nicht beherrscht hätte, einfach weggelaufen. Er kam bis ins Nachbardorf Karlum, wo man ihn schließlich zur Umkehr überreden konnte.

Bei dieser Flucht hatte er sich schwer erkältet und sich eine Lungenentzündung zugezogen. Der herbeigerufene Arzt behandelte ihn und gab zu der verordneten Medizin noch den Rat - weil er Jansen gut kannte - ihm doch einen heißen Grog zu geben. Wohlmeinend stellte Frau Thiele ihm ein Glas mit dem dampfenden Grog ans Bett, und die noch fast volle Flasche Rum dazu. Nach längerer Zeit schaute man wieder nach ihm, und als man das noch volle Glas sah, fragte man ihn, warum er denn nicht den wärmenden Grog getrunken hätte. Aber er hatte sich die Worte für eine Antwort schon ausgedacht und sagte mit schwerer Zunge: „Ach, ich meinte, ich sollte die Flasche leertrinken, das Glas hab ich gar nicht gesehen. Aber jetzt trink ich das aus, weil Ihr es wollt." Als er am übernächsten Tag seinen Rausch ausgeschlafen hatte, war auch die Lungenentzündung fast überwunden.

Eines anderen Tages besuchte ihn der ehrwürdige Propst Nissen in seiner Werkstatt. Der Propst kümmerte sich um jedes Schäflein seiner Gemeinde persönlich, und sorgte, wenn es notwendig war, für Hilfe.

Der Propst setzte sich auf den niedrigen Sitzschemel neben dem Schusterschemel. Jansen fühlte sich einer Unterhaltung mit dem frommen und gelehrten Mann nicht gewachsen und sann darüber nach, wie er sich aus dieser Lage befreien könnte.

Jansen ließ sich in seiner Arbeit nicht beirren, während der Propst mit gütigen Worten auf ihn einredete. Jansen nähte gerade an einem Schuh, er hatte mit Bedacht einen besonders langen Lederfaden in die Ahle gezogen, sodaß er jedesmal beim Festziehen des Fadens mit der langen, spitzen Ahle bis dicht vor das Gesicht seines Besuchers kam. Der Propst fragte besorgt: „Ich störe doch wohl nicht, Herr Jansen?" Dieser ließ sich auch durch diese Frage nicht aus der Ruhe bringen und antwortete, ohne von der Arbeit wegzublicken, in schneller Folge: „Nein, nein, nein..." Der Propst sprach geduldig weiter, bis Schuster Jansen ihm mit der Ahle in den Oberarm piekste, er tat so, als ob er es nicht bemerkt habe. Propst Nissen jedoch sagte milde: „Ich meine, ich sollte jetzt doch gehen, um Sie bei Ihrer Arbeit nicht zu stören," und verabschiedete sich höflich.

Eines Tages kam ein anderer Gottesmann zu Schuster Jansen in die Werkstatt, genau genommen, war er noch kein fertiger Pastor, er studierte in Kiel Theologie. Es war Peter, der Sohn von Tierarzt Petersen, der im Haus nebenan wohnte. Der Nachbarjunge, der Schuster Jansen natürlich gut bekannt war, brachte ein Paar Schuhe zur Reparatur. Nachdem der erklärt hatte, was an den Schuhen gemacht werden sollte, fragte er so nebenbei: „Du Korl, kummst Du to mi in de Kark, wenn ick maal Prester bin?“

Jansen schlug noch ein paarmal mit dem Hammer auf die Sohle, die er gerade bearbeitete, schielte über seine Brille den Theologiestudenten an und sagte gemählich, während er die Arbeit kurz unterbrach: „Jaa, dat do ick... Ick will denn maal hörn, ob Du genau so lögen kannst as de annern Pastors.“

In arge Verlegenheit brachte Schuster Jansen den Tischler Eduard Petersen, als er einen Sarg bei ihm bestellte. Es entspann sich zwischen den beiden dieses Gespräch.

„Woför brukst Du denn een Sarg?“

„Dat is jaa mien Saak. Ick fraag jaa ok nich, wat de Lüd mit de Schoh maaken, de ick heelmaak.“

„Jaa, ick kann Di jaa een Sarg maaken. Wie lang schull he denn sien?“

„Ach, maak emm jüst so, dat he för mi paßt.“

Danach verfielen beide in besinnliches Schweigen, in dem jeder für sich seinen Gedanken nachging. Eduard Petersen war sichtlich beunruhigt: „Hör maal to, Korl, Du läwst jaa noch, Du brukst doch keen Sarg. Wat willst Du denn daarmit anfangn?“

„Dat laat man mien Saak sien. Aaber paß up, dat de Sarg waterdicht is.“

„Woför dat?“

„Denn kann ick up de Lecker Au daarmit schwimm'n.“

Eduard Petersen war sich nicht klar darüber, ob er den Sarg zusammentischlern sollte, oder ob das Ganze nicht ein lästerliches Unterfangen war. Als er noch darüber nachgrübelte, traf er zufällig Amtsrichter Rasch, der für seinen bissigen Zynismus bekannt war. Den fragte der Tischler in seiner Gewissensnot und bekam die lapidare Antwort: „Aber vergessen Sie man nicht, genügend Raum für seinen Buckel einzubauen.“

26. Der Nachtmützen-Gesang

Auch im Krieg, als das Zivil mit dem Uniformrock getauscht werden mußte, war der Mutterwitz nicht verlorengegangen. In den Heimatgarnisonen wuchs dieser Witz oft zu einem übermütigen „Flachs“ an. Als die sogenannten „Flachland-Tiroler“ aus dem äußersten Norden Deutschlands zu einer süddeutschen Gebirgsjäger-Einheit eingezogen wurden, die unter dem Befehl österreichischer Offiziere und Unteroffiziere stand, schien das Feld für eine ausgiebige Schabernackerei bereitet zu sein. Und es geschah denn auch, was geschehen mußte. Klar? Natürlich war für einige Mannen aus dem Kreis Südtondern alles klar!

Als der österreichische Hauptfeldwebel (im Barras-Jargon: der „Spieß“) die Kompanie zum Appell hatte antreten lassen, ließ er zunächst „abzählen“, wodurch er die Gewißheit erhielt, daß alle Soldaten wirklich anwesend waren. Diese und ähnliche Regularien verliefen ruhig und friedfertig. Aber als er das dicke Buch aus seinem Uniformrock zog und beginnen wollte, Befehle zu verlesen, die höheren Ortes ausgedacht worden waren, geschah das Ungewöhnliche, man kann wohl sagen: das Ungeheuerliche.

Nicht daß seine Soldaten fortliefen, nein, sie blieben im Glied stehen, aber sie standen nicht schweigsam, wie es Disziplin und Ordnung von ihnen verlangten. Sie machten ihre Münder auf, bevor der Spieß auch nur ein Wort hätte sagen können. Sie widersprachen auch nicht den zu erwartenden Befehlen, sie sangen, sie stimmten einfach ein Lied an, ein Lied aus der Heimat, nicht gerade ein Heimatlied, es war eher ein Scherzlied, das in der Heimat bekannt war. Und nicht alle Soldaten sangen, sondern nur jene, die dem Spieß gerade am entferntesten waren. Als er sich eilenden Fußes diesem despektierlichen Teil der Kompanie zuwandte, wurde die Fortsetzung eben jenes Liedes im anderen Teil der Kompanie mit verhaltenem, nicht eben übermäßig lautem Gesang angestimmt. So ergab sich sogleich ein Hin und Her des Gesanges und auch des Feldwebels, nur in umgekehrter Reihenfolge. Gesang hier, Spieß da und zurück und umgekehrt und eben hin und her, na sowas Schlimmes machten die Soldaten und der bedrängte Spieß schien fast machtlos. Da half nur noch eine disziplinarische Maßnahme. Mit lauter sich überschlagender, schnarrender Stimme befahl der Spieß: „Kompanie, stillgestanden!“ Das funktionierte: Hacken zusamnnen, Hände an die Hosennaht - und es war Stille. Aber was sollte nun weiter geschehen. Der Spieß drohte Bestrafung an, „falls die Disziplinlosigkeit nicht sofort aufhört.“

Aber das Schauspiel des Hin und Her war doch nicht beendet: Der Spieß schrie gegen die singenden Soldaten an, und er sprach jetzt von „Gehorsamsverweigerung.“

Bei seinen Schimpfkannonaden, die ihm die Zornesröte ins Gesicht trieben, verhaspelte er sich in ein rhetorisches Niemandsland unkontrollierbarer

Entwicklungen. Und sogleich nutzte der andere Kompanieteil wieder die Schwäche aus und eröffnete, nein, kein Abwehrfeuer eines Maschinengewehrs, dafür aber einen umso lauteren Gesang.

Eigentlich waren Text und Melodie versöhnlich, aber sie hatten nicht den rechten Platz bei einer Befehlsausgabe an die Kompanie. Die militärische Autorität wurde untergraben und das grenzte (bitte: grenzte nur!) an „Vaterlandsverrat". Die Erregtheit des Spießes hatte dies ungeheuerliche Wort „Vaterlandsverrat" produziert, es wurde sofort, weil er wohl selbst über seine Forschheit erschrak, abgemildert: „Das ist Verrat an der Disziplin!" Mit diesem Ausdruck aber hatte er erst recht die Sangeslust seiner Soldaten angefeuert. Nun, war das Gesungene für den Befehlshabenden vor der Front schon ärgerlich genug, verdrießlich wurde die ganze Chose dadurch, daß der Text eine Art „Kauderwelsch" war, man sang in der Sprache der Heimat: Plattdeutsch. Und bei dem Text konnte von Vaterlandsverrat oder Defätismus nicht die Rede sein.

Die freundlich klingende Melodie, die von den Soldaten fröhlich und mit innerer Hingabe gesungen wurde, läßt sich hier ja leider nicht wiedergeben, aber der eigentlich auch nicht bösartige Text - die Beurteilung mag unterschiedlich sein, je nach Situation und Standpunkt des Zuhörers - soll hier die Harmlosigkeit belegen:

X Wi'stn Nachtmütz hemm?
Kanst mi man segn,
ick heff noch een
to foftein Penn.

Der erboste (und gequälte) Hüter militärischer Ordnung eilte von dem schweigenden Teil der Kompanie, zu dem anderen, an dem jeweils erneut der Gesang aufflammte. Jetzt hatte der Text eine leichte Änderung erfahren:

XX Wi'stn Nachtmütz hemm?
Kannst mi man segn,
ick heff noch een,
de kann ick di lehn.

Der Spieß mag erleichtert gewesen sen, als er die Kompanie in die Unterkunft wegtreten lassen konnte, für die Soldaten gab es am Abend in der Kantine eine Fortsetzung des Spaßes. Der Nachtmützengesang war der Schlager des Tages geworden. Nach dem Genuß von Bier und anderem Alkoholischem wurde er aber ausgelassener und lauter gesungen als beim Appell auf dem Kasernenhof. Einer der wackeren Sänger war Paul Tappe, der nach dem Kriege Pastor der Dänischen Kirchengemeinde in Leck geworden ist.

X Willst du eine Nachtmütze haben?
Kannst du mir man sagen,
ich hab noch eine
für fünfzehn Pfennige.

XX Willst due eine Nachtmütze haben?
Kannst du mir sagen,
ich hab noch eine
die kann ich dir leihen.

27. Schweinebraten mit Blaulicht

Die Lecker - das sind die Bürger von Leck - zeigten auch noch nach der bedingungslosen Kapitulation von 1945, daß sie sich in ihrer einfallsreichen Pfiffigkeit nicht geschlagen gaben. Die Lecker Feuerwehr hat es damals bewiesen. Sie war immer auf dem Posten, wenn es galt, einen Brand zu löschen, sie bewies aber, daß sie auch andere Schwierigkeiten zu überwinden half und in Notfällen Hemmnisse aus dem Weg räumen konnte. Das zeigte sich auch einmal in den unruhigen Monaten nach eben dieser Kapitulation vom Mai 1945.

Leck war, wie alle Dörfer und Städte damals vollgestopft mit britischen Besatzungssoldaten, die für Ruhe und Ordnung zu sorgen hatten. Die Ruhe bestand im wesentlichen darin, daß abends für 21.00 Uhr eine Sperrstunde angeordnet war, nach der man sich als deutscher Bürger nicht mehr auf der Straße sehen lassen durfte. Die Ordnung bestand einerseits darin, daß Bürger, die bis dahin politisch tätig gewesen waren, verhaftet und auf dem Umweg über die Gefängnisse in Leck und Niebüll mit der Bewachung eines Panzerspähwagens in das Internierungslager Neumünster-Gadeland transportiert wurden - andererseits darin, den Straßenverkehr zu überwachen und gegebenenfalls die Wageninsassen zu überprüfen.

Die Verkehrsregelung schloß selbstverständlich ein, daß für eine freie Fahrt gesorgt wurde, wenn sich ein Kraftfahrzeug mit Blaulicht und Sirenengeheul näherte. Das bedeutete doch immer, daß irgendeine Gefahr bekämpft werden sollte. Und ob die herbeieilende Hilfe einem Angehörigen der Besatzungsmacht oder einem deutschen Bürger galt, die britischen Soldaten sorgten dafür, daß die Straße für die flotte Durchfahrt freigehalten wurde. Im Notfall galt für alle die gleiche Hilfsbereitschaft, für die Lecker Bürger wie für die britischen Besatzer.

Eines Tages hatte nun ein Bauer in Stadum ein Problem, das zwar nicht als Notstand eingestuft werden konnte, aber er brauchte Hilfe. Er hatte nämlich ein Schwein geschlachtet, schwarz natürlich und in aller Heimlichkeit. Das halbe Schwein wollte er einigen Familien in Leck zugute kommen lassen, aber wie? Wie sollte die Schweinehälfte dorthin transportiert werden, das war die schwierige Frage. Bei Nacht und Nebel? Nein, die Möglichkeit schied aus. Das war wegen der befohlenen Sperrstunde nicht möglich, es war Schußwaffengebrauch angedroht worden, wenn ein Einheimischer nach Beginn der Sperrstunde auf der Straße angetroffen werden sollte. Also was tun?

Hier erwies sich die Lecker Feuerwehr als einfallsreicher Helfer. Der Fahrer des roten Löschwagens O.J. zeigte seine sprichwörtliche Hilfsbereitschaft.

Also fuhr er im roten Auto mit Blaulicht und Sirenengeheul durch die freigehaltenen Lecker Straßen in Richtung Stadum, die britischen Soldaten sorgten für die freie Fahrt. So verlief die Fahrt flott und ohne jede Komplikation, weil alle anderen - auch die britischen Fahrzeuge - auf die Straßenseite dirigiert worden waren.

In Stadum angekommen, labten sich die Männer, die zu der Besatzung des Feuerwehrwagens gehörten und natürlich aus „dienstlichen“ Gründen erkennbar im Auto sitzen mußten, zuerst mal am selbstgebrannten Schnaps. Sofort durften sie nicht zurückkommen, das hätte verräterisch sein können, zuvor mußte doch der „Notfall“ behoben worden sein. Es wurde zumindest der Durst gelöscht. Nach einer Stunde angeregter Unterhaltung, wurde die Schweinehälfte eingeladen, und dann fuhr der rote Feuerwehrwagen nach Leck zurück. Trotzdem hielten die Besatzungssoldaten auch jetzt die Straße frei, kamen doch die wackeren Männer von ihrem Einsatz zurück.

Das Schwein wurde im Feuerwehrhaus aufgeteilt und den betreffenden Familien übergeben. Ein großer Braten blieb für die „tapferen“ Feuerwehrmänner, so war es bestimmt worden. Die machten sich einen fröhlichen Abend, war doch auch eine Flasche „Selbstgebrannter“ mitgegeben worden.

Ich habe mich vor einigen Jahren noch persönlich in Leck mit einem der damals beteiligten Männer unterhalten. Die Geschichte wurde mir bestätigt, aber die Namen der beteiligten Personen wurde auch dann noch geheimgehalten. So war, so ist Leck!

28. Angebot an die Witwe

In Leck gab es auch schon im vorigen Jahrhundert Leute, die mit ihren Späßen Erwachsene und Kinder zum Lachen bringen konnten. Einer von ihnen war Carsten Kramer, er war ein Könner auf dem Gebiet des trockenen hintersinnigen Humors. Carsten Kramer hatte als junger Mann noch beim dänischen Militär gedient, das ist vor der Deutsch-Dänischen Unstimmigkeit von 1864 gewesen. Damals war er Bursche eines dänischen Capitains in Aarhus gewesen.

Carsten Kramer lebte allein auf seiner kleinen Hofstelle, er war immer hilfsbereit, wenn ein Nachbar mal seine Hilfe brauchte. Er konnte auch trösten, wenn jemand traurig war. Vor allem hatte er aber ein offenes Herz für die Kinder, die sich gern um ihn scharten, wenn er Geschichten erzählte. Das geschah oft in der Schummerstunde gegen Abend, wenn es für die Kinder bald Schlafenszeit war.

Wenn Carsten auf sein Feld ging, war es nicht selten, daß er von einem Schwarm Kinder begleitet wurde. Er nahm dann wohl mal einen Stock, der am Weg lag, in die Hand, hob ihn hoch, als sei es ein Dannebrog (dänische Nationalflagge) und sang ein dänisches Marschlied, das er von seiner Militärzeit noch kannte. Die Kinder folgten ihm als sein „Bataillon“, wie er sie nannte. Sie waren fröhlich und fanden es immer lustig. Noch lustiger wurde es dann, wenn er auf dem Feld die Schafe tüderte. Er sprach in barschem Befehlston mit den Tieren: „Links, rechts, links, rechts... das ganze Bataillon kehrt!“ Er gab die Kommandos natürlich auf dänisch, was die Kinder noch mehr amüsierte, weil sie seine Worte nicht verstehen konnten.

Als ein Nachbar von Carsten Kramer, nämlich Sönke „Kolonist“ gestorben war, hatte er nach alter Sitte die Pflicht, mit seinen Pferden die Leiche zum Friedhof zu fahren. Zu dieser alten Sitte gehörte es auch, daß die Witwe auf dem Wagen mitfuhr. Auf dem Weg zum Friedhof war es üblich und also Sitte, daß man der „frischen Witwe“, wie man sagte, tröstende Worte zuflüsterte. Das wußte Carsten sehr wohl, aber damit hatte er seine Schwierigkeit, das war eine neue, einmalige Situation für ihn. Er hatte sich zwar darauf vorbereitet und auch einige Worte zurechtgelegt, in Reimen sogar, aber... wie anfangen in solch einer ungewohnten Lage, in der man doch die Trauer zu lockern hatte und keine niederdrückende Tröstung aussprechen durfte. So saß während einer längeren Zeit des drängenden Schweigens die Witwe neben ihm und wartete gewiß schon auf die üblichen tröstenden Worte. Das geschah bei Carsten Kramer in der Art, daß er die schon vorher überlegten Reime besinnlich vor sich hinmurmelte: „Dat hett keen Not, dat hett keen Not, dat Sönke Kolonist is dot, de Nawer (Nachbar) hölp in jede Not.“ Ob diese Worte für die Witwe tröstlich waren, vermag der Chronist nicht zu sagen. Er überläßt es dem Leser, die gereimten Worte, die dann auf der Heimfahrt von Carsten Kramer gesprochen wurden, selbst zu beurteilen.

Nach kurzer Predigt am Grab und der Hinabsenkung des Sarges in die Gruft, machten sich die Trauergäste zurück auf den Heimweg. Carsten Kramer ließ die Witwe wieder einsteigen, um sie nach Hause zu fahren.

Auch jetzt wieder das lange Schweigen nach der ergreifenden Zeremonie. Aber schließlich entsann sich Carsten seiner Pflicht zur Tröstung, und auch ermutigt durch die trostreichen Worte des Pastors am Grab, holte er aus seinem Gedächtnis die in mühsamer oft schwitzender nächtlicher Überlegungen gefundenen Worte und sagte, überzeugt Gutes zu tun, seinen Spruch: „Un is de Nacht maal lang, war doch nich glicks so bang, de Nawer is nich wied, bi Not hett he doch jümmer Tied."

An der Lecker Kirche hing von altersher neben dem Eingangsportal eine lange Kette herunter, die oben an eine der Glocken, der sogenannten Sturmglocke, befestigt war. Diese Glocke erklang, wenn die Tut-Hörner der Feuerwehr Alarm bliesen und wenn das Feuer im Ort selbst war. Die Lecker Feuerwehr mußte nämlich auch ausrücken, wenn in einer der Nachbargemeinden Feuer ausgebrochen war.

Für Carstens Schabernack muß der Pfingstmarkt erwähnt werden, der alljährlich in Leck stattfand. Die Händler kamen von weit her, denn der Lecker Pfingstmarkt hatte den Ruf, daß auf ihm bestes Pferdematerial angeboten wurde. Das lockte Interessenten aus der Mark Brandenburg und Sachsen an, ja sogar aus dem fernen Frankfurt kamen sie angereist.

Zu der Zeit waren Pferde die einzige Zugkraft für landwirtschaftliche Geräte, sie leisteten den schwersten Teil der Ackerarbeit. Und so manches Pferd wurde zu arg geschunden, als daß es auf dem Markt noch einen nennenswerten Kaufwert erzielen konnte. Jedoch auch solche abgerackerten Gäule wurden oft noch zum Pfingstmarkt geführt und dort für billiges Geld angeboten. Aber auch der niedrigste Preis schien für den mageren Gaul, den Carsten Kramer vom Markt führte noch zu hoch zu sein. Nur er wußte, wofür das einstmals vielleicht stolze Roß in diesem altersschwachen Zustand zu gebrauchen war.

Carsten zottelte mit seinem ausgehungerten Gaul zu den spärlich bewachsenen Rasenflächen neben der Kirche. Es war um die Mittagszeit, und niemand hatte die beiden genauer beobachtet. Gemächlich zog Carsten eine lange Leine aus seiner Tasche und band das Ende an den Griff der Sturmglokke, das andere Ende an den Schwanz seines neuerworbenen Pferdes. Dieses war hungrig und begann sogleich, die von Carsten hingehaltenen Grasbüschel gierig zu fressen. Aber das war nur der Anfang, danach mußte das Pferd sich die spärliche Nahrung auf dem dürftigen Rasen suchen oder die weiterentfernten Grasbüschel zu erlangen versuchen. Je weiter es sich vom Kirchengebäude entfernte, um so strammer spannte sich die Leine. Es kam zu einem ersten wenn auch nur zaghaften Anschlag der Sturmglocke. Die Lecker Bürger, die gerade am Mittagstisch saßen, horchten auf, aber weil kein zweites Glokkenzeichen kam, beruhigten sie sich und aßen weiter. Noch einmal schlug die Sturmglocke an – seltsam genug, aber... – aber weil kein Alarmhorn der Feuerwehr tutete, beruhigte man sich auch diesmal wieder und legte sich zum Mittagsschlaf nieder, weil man satt und müde war.

Das Pferd von Carsten Kramer bei der Lecker Kirche war aber keineswegs satt und es wurde nicht müde, nach immer neuen Grasbüscheln Ausschau zu halten. Wenn es sich auch in seiner Bewegungsfreiheit beengt fühlen mochte, unternahm es immer verzweifeltere Versuche, die entfernteren Grasbüschel zu erhaschen, einzelne Gräser mit seiner Zunge zu umschlingen und sie sich einzuverleiben. Die Ernährungsgrundlage wurde immer bedränglicher, das Seil zwischen Roß und Kirche spannte sich bis zum Äußersten, und das nächste schon sichtbare Gras war verlockend aber nicht erreichbar. So geschah es denn, daß das Pferd, einerseits angetrieben vom Hunger, anderrseits bedrängt vom Schmerz, der im Schwanz spürbar wurde, in Panik geriet und hin- und herzurrte und zerrte.

Nun war kein Halten mehr und je mehr sich das Pferd aus dieser schmerzlichen Situation zu befreien versuchte, umso mehr geriet es in einen sich immer mehr steigernden Schmerz. Diese Pein des gequälten Tieres teilte sich am anderen Ende der Leine der Sturmglocke mit, die sofort ihre obligate Pflicht erfüllte und den Lecker Bürgern Alarm verkündete. Das war der Alarm von Carsten Kramer.

Die aufgescheuchten Mittagsschläfer verübelten Carsten Kramer nicht, daß er für seinen Schabernack eine arme hilflose Kreatur gequält hatte, sondern daß er ihren geruhsamen bürgerlichen Tagesablauf gestört hatte.

29. Die Nottaufe

Etwa um das Jahr 1890 spielte sich in Klixbüll eine Geschichte ab, über die wir heute lächeln können, die aber in der damaligen Unkompliziertheit nicht als absonderlich gesehen wurde. Sie gibt Zeugnis von der schlichten Natürlichkeit der Menschen in jener Zeit, die nun hundert Jahre zurückliegt.

Im Hause des Landarbeiters Christian Nissen - man nannte ihn Krischan - wurde Familienzuwachs erwartet. Krischan und seine Frau wußten von der Hebamme den Termin für die Geburt und sie warteten in Geduld auf das erste Kind. Die Frau mußte ebenso schwer arbeiten wie Krischan, sie arbeiteten beide auf einem größeren Bauernhof. Als sie nun eines Abends nach getaner Arbeit friedlich am Abendbrottisch saßen, wurde die Frau unruhig, sie hatte ungewohnte Beschwerden, nicht gerade Schmerzen, aber sie wußte nicht recht, was sie von dem „Griemeln" im Bauch halten sollte. Die Geburt des Kindes stand erst in einigen Wochen an, das konnte es nicht sein. Aber schließlich wurde sie doch bedenklich. „Krischan, ick heff wunnerliche Wehdaag in mien Buk," sagte sie, und Krischan, der aus dem Stall wußte, wie sich eine Geburt ankündigte - er hatte es bei Kühen, Schweinen und Pferden erlebt - meinte treuschuldig: „Wat meenst Du, schull ick nich beeter de witte Fru holn?" Damit meinte er die Hebamme. „Hol ehr man," sagte sie ungerührt-sachlich, „wenn't denn schon jetzt geiht, hebbt wi dat achter uns."

Kaum war die Hebamme im Haus, da konnte sie einen Knaben ans Licht der Welt holen, eine Frühgeburt, wie sie feststellte, und sie sagte noch mehr: „De is man'n beten schwach un blau is he uk. Ick bin bang, wi kreegen emm nich dör, de ward bald starven." Es wurde nicht viel hin und her geredet. Die drei, Vater, Mutter und Hebamme kamen überein, daß eine Nottaufe vollzogen werden müsse, damit alles seine Richtigkeit haben würde.

Hier mußte der Vater in Aktion treten, es war Nacht und es mußte schnell gehandelt werden. Er holte den großen Einkaufskorb, der sonst für die Einkäufe beim „Höker" benutzt wurde, aber heute mußte er einen andeen Dienst leisten. Die Hebamme legte den Korb mit Decken und Kissen aus, damit das Kind, das sie da hineinlegte, zumindest die Zeit bis zur Nottaufe überstehen würde. So sollte Krischan sich jetzt mit dem Kind auf den Weg zum Pastor machen. Krischan wollte gerade losgehen, als seine Frau ihn nochml zurückrief: „Hör to," sagte sie, „gaah bi den Höker vörbi und bring Kaffee un Zucker un uk wat Koken mit, un hol för die een Buddel Köm. Denn wat uk is, wi möt je doch de Döp een beten fiern."

Krischan machte sich also mit dem Kind im Korb auf den Weg. Als er das Ziel erreichte, war im Pastorat schon kein Licht mehr, der Pastor schlief. Aber Krischan wollte nicht unverrichteter Dinge zurückkehren und klopfte hart an die Fenster. Schließlich hatte er den Pastor aufgeweckt. Der fragte mit schlaftrunkener Stimme nach dem Begehr des nächtlichen Ruhestörers. Krischan rief mit lauter Stimme: „Hier, Herr Paster, hier heff ick wat in'n Korf. Ick stell dat för de Dör. Maaken Se man allns ferdig, ick gah twischendörch ton Höker un hol Kaffee un Köm. Up'n Rückweg kumm ick vörbi un hol den Korf wedder aff. Maaken Sie bit daarhin allns ferdig, Herr Paster."

Der Pastor stand auf, zog seinen Hausmantel an und schaute nach dem Korb. Er wußte sofort, worum es ging, aber für eine Nottaufe brauchte er zwei Paten. Er weckte seine Haushälterin und den Knecht, der für die Beackerung des Kirchenlandes da war. Aber als die drei mit der nächtlichen Taufe beginnen wollten, kam eine Schwierigkeit auf: Wie sollte der Name des Täuflings sein? Davon hatte Krischan nichts gesagt.

Der Pastor entschied, daß er einen geeigneten Namen aus der Bibel suchen werde. Alsbald befand er: „Wir taufen den Knaben auf den Namen Nikodemus. Denn der heilige Mann ist auch in einer Nacht auf dieser Erde angekommen." Haushälterin und Knecht nickten zustimmend, und die Taufe wurde ordnungsgemäß vollzogen.

Als Krischan mit den gewünschten Sachen vom Kaufmann zurückkam, fragte er schlicht: „Is de Jung ferdig?"

„Jaa," beruhigte ihn der Pastor, „ick heff emm up Nikodemus döft. Dat is een fromme Mann ut de Bibel, de is uk bi Nacht ankaamen."

Krischan war zufrieden und fragte bescheiden: „Wat schall de Döp denn nu kosten?"

Der Pastor meinte versöhnlich und friedlich: „Daar maak di man keen'n Gedanken över. Giff mi man een ordentlichen Schluck ut de Buddel, und denn kumt allns torecht."

Krischan nahm, nachdem auch er einen großen Schluck Köm getrunken hatte, den Korb und ging mit seinem Sohn Nikodemus nach Hause zurück. Er pfiff fröhlich vor sich hin, weil doch alles so glatt gegangen war. Zu Hause wurde Kaffee gekocht, aber auch vom Köm blieb nichts übrig, die Stimmung war heiter bei den dreien.

Der kleine Niikodemus aber überlebte seine anfängliche Schwäche und ist später ein stattlicher Mann geworden. Man nannte ihn Niko, Nikodemus wäre im dörflichen Umgang zu strapaziös und auch zu fromm gewesen. Niko soll auf die Insel Sylt gezogen sein, wo er dem Fischfang nachging.

Informanten für dieses Buch waren

Carl Paulsen (Calli-Taxe)

Heinrich Lorenzen (Hein-Schlachter)

Jens Petersen (Jens-Maler)

Paul Thiele

Otto Johanson

Paul Tappe

Albertus Schümann

Peter Stapelfeld

Martha Schäfer, Niebüll-Deezbüll

Hanni Herrmann, Baltimore, USA

Hans Clausen, Düsseldorf

Franz Vaagt, ehemals Lehrer in Leck